Está bien no estar bien

Cómo predicar los Salmos de lamentación

Federico G. Villanueva

Está bien NO estar bien

Cómo predicar los Salmos de lamentación

EDICIONES puma

SERIE RECURSOS LANGHAM PREDICACIÓN

Está bien no estar bien
Cómo predicar los Salmos de lamentación
©2017 *Federico G. Villanueva*

Título original en inglés: It's OK to Be Not OK: Preaching the Lament Psalms
Langham Preaching Resources, Carlisle, Cumbria, United Kingdom
Una impresión de Langham Creative Projects
Publicado primeramente por OMF Literature Inc. en Filipinas, en 2012
© 2017 Langham Preaching Resources

© 2022 Centro de Investigaciones y Publicaciones (CENIP) – Ediciones Puma
Hecho el Depósito Legal en la Biblioteca Nacional del Perú N° 2022-03659
Primera edición impresa: mayo 2022

Categoría: Religión - Estudios bíblicos - Antiguo testamento

ISBN N° 978-612-5026-14-9 | Edición impresa
ISBN N° 978-612-5026-15-6 | Edición digital

Editado por:
© 2022 Centro de Investigaciones y Publicaciones (CENIP) – Ediciones Puma
Av. 28 de Julio 314, Int. G, Jesús María, Lima
Apartado postal: 11-168, Lima - Perú
Telf.: (511) 423–2772
E-mail: administracion@edicionespuma.org | ventas@edicionespuma.org
Web: www.edicionespuma.org
Ediciones Puma es un programa del Centro de Investigaciones y Publicaciones (CENIP)

Traducción al español: Virginia Powell
Edición literaria: Patricia Cabral
Diseño de carátula: Eliezer D. Castillo P.
Diagramación: Hansel J. Huaynate Ventocilla

Salvo indicación especial, las citas bíblicas se han tomado de la Nueva Versión Internacional © 1999 por la Sociedad Bíblica Internacional.
Dios habla hoy (DHH)
La *Santa Biblia,* Nueva Traducción Viviente (NTV)
Reina-Valera Contemporánea (RVC)
Versión Reina-Valera actualizada 2015 (RVA-2015)
Reina-Valera 1960 (RVR1960)
Reina-Valera 1995 (RVR1995)
La Biblia de las Américas (LBLA)
Nueva Biblia Viva (NBV)

ISBN N° 978-612-5026-14-9

A mi esposa Rosemarie
y a mis hijos Emier y Faye

Contenido

Prólogo a la edición en español

Cuando terminé de leer el libro de Rico Villanueva fui, como siempre, a buscar mi lista anual de libros leídos y registrarlo. Lo hice siguiendo el orden que acostumbro desde hace más de treinta años: título, nombre del autor, fecha de lectura y número de páginas. En la fila final, mi hoja de cálculo me va indicando cuántas páginas he leído ese año hasta ese momento. Ya sé que se están riendo de mí y pensando que soy un poco, o bastante, obsesivo. Es lo mismo que dice mi esposa (que es psicóloga). Y yo siempre me defiendo explicando que esa bitácora de lectura me sirve como diario (anuario) en el que voy registrando mis influencias profesionales, mis intereses académicos y hasta mis estados de ánimo, pero, sobre todo, los motivos de gratitud que voy acumulando en cada lectura. Ese registro ha llegado a ser un mapa de mi viaje existencial y ministerial. Por cada libro, mil cosas por las que agradecer a cada persona que lo ha escrito. Y, en el caso del que ahora tengo el honor de prologar, *Está bien no estar bien*, las razones de agradecimiento se multiplican.

Comencé a leerlo el libro como predicador que soy. Me atrajo el hecho de que, desde las primeras páginas, se ofrecerían sugerencias exegéticas y pastorales para predicar sobre los salmos de lamentación. Y, ¡cómo no! yo, que he predicado muy poco sobre de ellos, sentí mucho interés. En cada uno de sus capítulos encontré, en la parte final y a manera de un anexo homilético que el autor llama *Encuentro con un salmo*, primero unas preguntas que apelan a la experiencia personal del salmista y que conectan con las vivencias de sufrimiento y de dolor que padecemos hoy. Estas preguntas son un recurso muy útil para quienes tienen ministerios educativos, evangelizadores y pastorales. A cada salmo escogido, le sigue un bosquejo homilético con sus puntos principales, secundarios y conclusiones. Este recurso ofrece muchas sugerencias para el púlpito y despierta nuestra imaginación para seguir explorando la riqueza de los salmos. ¿Por qué no predicamos más de los salmos cuando en nuestro mundo vivimos tantas situaciones similares a las que vivieron los salmistas? Es la pregunta que me sigo haciendo después de conocer todo lo que el autor nos propone en este libro.

Pero lo homilético es solo una parte. Mi otra lectura fue como un texto de teología pastoral. Ahora no sé cuál de las dos debo recomendar con más ahínco porque ambas son profundas en su contenido y muy orientadoras. Esta segunda perspectiva nos presenta una teología pastoral del sufrimiento humano a partir de los salmos. ¡Cuánta falta hace esta teología entre nuestras comunidades de fe, católicas y evangélicas, en América Latina y el Caribe! Porque aquí, la religión se entiende, en muchas ocasiones, como un antídoto inequívoco para evitar el sufrimiento. Se dice, por ejemplo, que allí donde está Dios no hay lugar para el dolor, puesto que Cristo que ya padeció todos los dolores posibles para que sus hijos e hijas no sufran más penas. De esta manera se interpreta la redención como liberación del sufrimiento. Y, ¡claro! no faltan versículos que lo avalen. Nuestras hermenéuticas populares son muy creativas en estos casos.

Cuando la fe se interpreta como una fórmula en contra del sufrimiento, ocasiona más sufrimiento. ¿No fue esto lo que presenciamos durante los dos primeros años de la pandemia por la COVID-19? El desconcierto era grande entre muchas personas creyentes. Se preguntaban por qué Dios no había escuchado sus oraciones y había dejado morir a sus seres queridos; o qué valor tenía ayunar si de todas maneras el virus seguía campante causando miles de muertes. No faltaron los que interpretaron la pandemia como castigo del cielo, como desagravio divino por todas nuestras maldades. La incertidumbre espiritual era muy grande y las preguntas sin respuestas abundaban.

El *Movimiento con la Niñez* y la Juventud hizo, durante el tiempo de cuarentena, un ejercicio con un nutrido grupo de niños y niñas a quienes se les escuchó cuáles eran algunas de sus preguntas religiosas en ese tiempo. Aquí algunos de sus desconciertos: ¿el coronavirus es un castigo de Dios?, ¿por qué algunas personas cristianas se contagian y otras no?, ¿le puedo pedir a Dios que me proteja si Él ya sabe que me voy a enfermar?, ¿Dios dejará que mis seres queridos se contagien? Los resultados de este ejercicio se publicaron en la guía *Las niñas y los niños preguntan: niñez, teología y pandemia*[1] y sirvieron como una muestra de lo que también los jóvenes y adultos estábamos viviendo: incertidumbre psicológica, en parte ocasionada por nuestro desconcierto teológico.

Pues bien, el libro de Federico Villanueva, ahora oportunamente publicado por Ediciones Puma, de Perú, viene para ayudarnos a llenar muchos de esos vacíos en nuestras teologías pastorales del sufrimiento y, de paso, ayudarnos a recomponer nuestra espiritualidad. Para esto es necesario integrar de manera saludable el sufrimiento y la fe. Y en este libro se descubre esa integración a partir del libro de los salmos, conocido como de cánticos y poemas, pero descuidado como texto de quejas y lamentos.

Villanueva es un salmista (de los de verdad) que también ha cantado sus propias quejas y lamentos. Él y su familia, como filipinos, son sobrevivientes del tifón Ondoy que, como se recordará, en el 2009 destruyó casas y pueblos de Manila y regiones aledañas. Las inundaciones alcanzaron una cifra récord de casi seis metros de altura, causando más de 200 muertos. Él estaba allí con su familia suspirando por su vida, mientras se preguntaba dónde estaba Dios en medio de tanto dolor. De esa vivencia personal nació este libro.

Estamos, entonces, ante un texto de homilética, de teología, de espiritualidad y de pastoral; todo eso enmarcado, no sólo por un estudioso de esas disciplinas, sino por un ser humano marcado por el dolor, a la vez que fortalecido por la esperanza que resurge de la fe. En el libro nos encontramos con lo que vivimos a diario: el miedo, la depresión, la tristeza, las preguntas sin respuesta, el fracaso y el enojo, entre otros temas muy humanos y, como tales, cotidianos.
En el Salmo 77.1–9 leemos este grito:

> A Dios elevo mi voz suplicante;
> > a Dios elevo mi voz para que me escuche.
> Cuando estoy angustiado, recurro al Señor;
> > sin cesar elevo mis manos por las noches,
> > pero me niego a recibir consuelo.

---

[1] Movimiento con la Niñez y la Juventud, *Las niñas y los niños preguntan: niñez, teología y pandemia*, en: https://movimientonj.org/covid-19/guia-pastoral/

Me acuerdo de Dios, y me lamento;
    medito en él, y desfallezco.
No me dejas conciliar el sueño;
    tan turbado estoy que ni hablar puedo.
Me pongo a pensar en los tiempos de antaño;
    de los años ya idos me acuerdo.
Mi corazón reflexiona por las noches;
    mi espíritu medita e inquiere:
«¿Nos rechazará el Señor para siempre?
    ¿No volverá a mostrarnos su buena voluntad?
¿Se habrá agotado su gran amor eterno,
    y sus promesas por todas las generaciones?
¿Se habrá olvidado Dios de sus bondades,
    y en su enojo ya no quiere tenernos compasión?

Es con estos gritos con los que nos encontraremos en *Está bien no estar bien*. En sus capítulos, así como en su apéndice homilético, encontramos agua fresca para el desierto. Para seguir caminando de la mano de aquel que nos advirtió que en este mundo estábamos expuestos al sufrimiento, pero que confiáramos, como Él confió y venció (Jn 16.33).

Harold Segura
Director del Departamento de Fe y Desarrollo de *World Vision*
América Latina

Prólogo

En el año 2004, cuando el tsunami del océano Índico azotó a países tan lejanos como Tailandia, Indonesia, Sri Lanka y muchas islas intermedias, me invadió el dolor y comencé a llorar mientras miraba las noticias. Me sentí desesperado y acongojado por la terrible y repentina pérdida de vidas, especialmente entre los pobres que ya sufren demasiado, y me enojé con Dios. Al día siguiente era domingo y fui a la iglesia. Pero no pude entonar los cantos de alabanza que formaban parte del culto, por las lágrimas que había en mis ojos y el nudo que tenía en la garganta. Participaba de la adoración, pero no podía decir que me agradaba estar allí; no lograba entender los caminos de Dios. Quería protestar, no alabar.

Al mismo tiempo, no podía hacer causa común con el coro de comentaristas seculares que preguntaban cómo los cristianos podían seguir creyendo en Dios ante semejante tragedia, si se suponía que existía y permitía estos acontecimientos. Mi fe en Dios, mi amor por él, mi confianza en su gracia y su provisión son realidades de toda la vida y no se las puede borrar de la existencia ante la calamidad. Aun así, no me impedían clamar a Dios en lamentación y protesta.

Esa experiencia fue parte de la motivación que me llevó a escribir el libro titulado *The God I Don't Understand* (*El Dios que no entiendo*), que el doctor Villanueva cita en este libro. Lo que sigue es un párrafo de lo que escribí allí:

> Cuando se nos terminan las explicaciones o rechazamos las que se nos ocurren, ¿qué vamos a hacer? Nos lamentamos y protestamos. Gritamos que no es justo. Clamamos a Dios enojados. Le decimos que no podemos comprender y demandamos saber por qué no lo previno. ¿Está mal hacer esto? ¿Podemos decir que los

verdaderos creyentes no lo deben hacer, como decimos que 'los hombres cabales no lloran'? ¿Es pecaminoso estar enojados con Dios? De nuevo regreso a la Biblia y encuentro que la respuesta tiene que ser No. O por lo menos, encuentro que Dios permite que se exprese una gran cantidad de enojo, aun si, a veces, lo corrige allí donde éste amenaza con llevar a una persona al pecado o la rebelión (como en el caso de Jeremías, 15.19–21).

En la Biblia, la cual creemos que es la palabra de Dios, de manera que lo que encontramos en ella es lo que Dios quiere que esté allí, hay muchos lamentos, protestas, disgustos y preguntas desconcertantes. El asunto que debemos notar (posiblemente para nuestra sorpresa) es que todo esto no lo lanzan a Dios sus enemigos *sino personas que lo aman y confían en él*. Parece, de hecho, que son precisamente aquellos que tienen una relación más estrecha con Dios quienes se sienten con la mayor libertad para derramar su dolor y protesta ante Dios sin temor al reproche. El lamento no solo se permite en la Biblia, sino que se modela para nosotros en abundancia. Dios parece querer darnos tantas palabras con las cuales llenar nuestro formulario de queja como para escribir nuestras notas de *Te doy gracias*. Quizás esto es porque cualquiera que sea el monto del lamento que el mundo nos hace expresar, es una gota en el océano comparada con el dolor del propio corazón de Dios ante la totalidad del sufrimiento que solo él puede entender.

Job nos da un libro lleno de tales protestas, y al final, Dios declara que Job tiene más razón que sus amigos, quienes dieron tan dogmáticamente su 'explicaciones' (y solución) a su sufrimiento. El propio Job es muy enérgico en sus quejas a Dios y sobre Dios:

> Sepan que es *Dios* quien me ha hecho daño,
> quien me ha atrapado en su red.
> Aunque grito: '¡Violencia!', no hallo respuesta;
> aunque pido ayuda, no se me hace justicia.
> *Dios* me ha cerrado el camino, y no puedo pasar;
> ha cubierto de oscuridad mis senderos.
>
> *Job 19.6–8, énfasis agregado*

Jeremías (como Job) desea nunca haber nacido, acusa a Dios de haberlo engañar, y derrama su dolor ante Dios (lee especialmente Jeremías 15.10–21; 17.14–18; 20.7–18).

¿Por qué no cesa mi dolor?
¿Por qué es incurable mi herida?
¿Por qué se resiste a sanar?
¿Serás para mí [Dios] un torrente engañoso
de aguas no confiables?

(Jer 15.18)

¡Hasta hay todo un libro en la Biblia llamado Lamentaciones! Observa que se escribió en vísperas de una calamidad que se reconoce como un castigo directo de Dios, pero incluso en ese momento el autor se siente en libertad de derramar una mezcla de protesta y súplicas a Dios. Es un libro contundente, lleno de dolor, que constantemente clama a Dios contra la terrible calamidad que ha acontecido a Jerusalén (Lm 2.11–12).

Salmo tras salmo presenta a Dios cuestiones como: '¿Hasta cuándo, Señor…?' y protesta por el sufrimiento del inocente y el aparente alivio del malvado (por ejemplo, Sal 10; 12; 13; 28; 30; 38; 56; 69; 88).

Seguramente no puede ser accidental que en el libro divinamente inspirado de los Salmos haya más salmos de lamento y angustia que de gozo y acción de gracias. Estas son palabras que de hecho Dios nos ha dado. Dios le ha otorgado un lugar prominente a este autorizado libro de cánticos. Necesitamos ambas formas de adoración en abundancia mientras vivimos en este mundo maravilloso y terrible.

Siento que el lenguaje del lamento está seriamente desatendido en la iglesia. Muchos cristianos parecen sentir de alguna manera que no puede ser correcto quejarse ante Dios en el contexto de la adoración colectiva, cuando todos debemos sentirnos felices. Hay una presión implícita para asfixiar nuestros sentimientos reales porque estamos urgidos, por ser piadosos mercaderes de la negación emocional, a tener 'fe' (como si el salmista que se lamenta no la tuviera). Así que terminamos vociferando pretendidas emociones que no sentimos, mientras escondemos en lo profundo las emociones reales con las que luchamos. Ir a adorar se puede convertir en un ejercicio de fingimiento y disimulo, ninguno de los cuales puede conducir a un encuentro real con Dios. De tal modo que, como reacción a alguna espantosa tragedia o desastre, en lugar de gritar nuestros verdaderos sentimientos hacia Dios, preferimos otras maneras de responder a este.

'Todo es parte de la maldición de Dios sobre la tierra'.
'Es castigo de Dios'.
'Esto significa una advertencia'.
'Esto es en última instancia para nuestro bien'.
'Dios es soberano, así que tiene que hacerlo todo bien al final'.

Pero nuestros amigos que sufren en la Biblia no tomaron ese camino. Clamaron en dolor y protesta contra Dios… *precisamente porque conocían a Dios*. Su protesta nace del irritante contraste entre aquello que saben y lo que ven. Es *debido* a que conocen a Dios que están tan enojados y molestos. ¿Cómo puede el Dios que ellos conocen y aman tanto comportarse de esta manera? Saben que 'El Señor se compadece de toda su creación' (Salmos 145.9). ¿Por qué entonces permite que sucedan cosas que parecen indicar lo contrario? Ellos *conocen* al Dios que dice: 'No me alegro de la muerte del malvado' (Ez 33.11). ¿Cómo entonces puede observar la muerte de cientos de miles de quienes Jesús nos diría que no necesariamente son más pecadores que el resto de nosotros? Ellos *conocen* al Dios de quien Jesús dice que está ahí aun cuando cae un gorrión a la tierra (Mt 10.29–31). ¿Dónde está ese Dios cuando el océano se traga pueblos enteros (e iglesias)?

Esos desastres inexplicables por completo llenan a los creyentes bíblicos de preocupaciones desesperadas y apasionadas por la propia naturaleza de Dios. Así que claman en vértigo por encima del abismo que parece abrirse entre el Dios que conocen y el mundo en que viven. Si Dios es como *eso*, ¿cómo puede el mundo ser como *esto*?

El lamento es la voz del dolor, ya sea por sí mismo, por una persona, o por la montaña de sufrimientos de la humanidad y la propia creación. El lamento es la voz de la fe que lucha por vivir con preguntas no respondidas y sufrimientos sin explicación.

Ante algo como el maremoto, entonces, no me avergüenza sentir y expresar mi cólera y lamento. No estoy avergonzado de derramar lágrimas al mirar las noticias o adorar en la iglesia después de esas terribles tragedias que han golpeado otra vez. Le digo al Dios que conozco y amo y confío, pero que no siempre comprendo, que no puedo arrancarme de la cabeza el dolor de ver tal destrucción y muerte. Lloraré por los maltrechos de la tierra, '¿Por qué esa pobre gente, Señor, una vez más? ¿No han sufrido ya lo suficiente de las groseras injusticias del mundo?'

No espero la respuesta, pero no le ahorraré a Dios la pregunta. ¿Acaso no he sido hecho a imagen de Dios? ¿No ha plantado Dios también una pálida reflexión de su compasión e infinita misericordia en la pequeña jaula finita de mi corazón? Si hay gozo en el cielo por un pecador que se arrepiente, ¿no hay también lágrimas en el cielo por los miles arrastrados a la muerte?[2]

Habiendo escrito todo eso, no es de sorprender que dé una cálida bienvenida y recomiende fuertemente este libro de Rico Villanueva. Conocí a Rico como un becario de Langham en el Reino Unido, mientras estudiaba el doctorado sobre los Salmos. Rico presta atención a lo que tantos pastores y predicadores ignoran (e, implícitamente, niegan): los cantos de lamento y de protesta en la Biblia. Asimismo, nos ayuda a relacionarlos con las realidades rotas y dolorosas de nuestra propia vida. Que este libro traiga estímulo y seguridad a muchos. Que nos proteja de las mentiras de quienes nos dicen que simplemente con

---

[2] Tomado de Christopher J. H. Wright, *The God I Don't Understand: Reflections on Tough Questions of Faith* (Grand Rapids, MI: Zondervan, 2008), 50–53. Usado con permiso de Zondervan. Traducción al español tomada de: https://books.google.com. ar/books?id=zwuO-ZFP3RIC&printsec=frontcover#v=onepage&q=jerem%C3%AD as&f=true

tener fe todo estará bien en la vida. Y que nos ayude a renovar nuestro amor por Dios y la confianza en él en esos momentos que las cosas salen terriblemente mal.

Rev. *Christopher Wright*, PhD
Director de Ministerios Internacionales de la Sociedad Langham

Prefacio

El teólogo japonés Kazoh Kitamori dijo que, para poder escribir sobre el sufrimiento, uno primero tiene que experimentarlo. Pero luego pregunta: ¿Cómo puede uno escribir sobre el sufrimiento cuando atraviesa un tiempo de dificultad mientras escribe? Entre muchas otras cosas, escribir requiere recursos, apoyo y concentración. Entonces, ¿cómo se puede escribir en momentos de sufrimiento, cuando la vida es tan dura? La respuesta, según Kitamori, es la misericordia de Dios.

Al reflexionar sobre todo lo que he pasado, parte de lo cual comparto en este libro, puedo decir que es solamente por la misericordia de Dios que he podido terminar este proyecto. Y la gracia de Dios no es un concepto abstracto, sino que se expresa concretamente a través de personas, situaciones, organizaciones y recursos que pone Dios en nuestro camino para completar la tarea que nos ha encomendado.

Doy gracias a Dios por su misericordia, expresada por medio de las personas que usó para permitirme completar la tarea. Extiendo mi agradecimiento a ellas también, principalmente a quienes forman parte de mi familia: mi esposa Rosemarie, simplemente por creer en mí, animarme, y aceptarme, incluso cuando no estoy bien; a mi hija Faye por leer partes del libro y luego decirme que se sintió 'aceptada'; a mi hijo Emier, que se unió a la familia en oración por este libro; a mis padres, el obispo Butch y Melita Villanueva, por su apoyo moral y sus oraciones; y a mis hermanos Demo y Jojo, mi primo Boyet y su esposa Carla, quienes leyeron el manuscrito y me animaron a continuar con el libro.

Agradezco al doctor Christopher Wright por escribir el prólogo y a Pieter Kwant, quien sugirió el título 'Está bien no estar bien' y me insistió que quería ver el libro terminado. Este libro fue publicado primero por OMF Literature. Lo he revisado para que no solamente sea útil para los lectores en general, sino también para su uso en los Recursos del Programa de Predicación de la Sociedad Langham (LPR, por su sigla en inglés). Agradezco al doctor Paul Windsor, director de Langham Predicación, por recomendar este libro para su inclusión en las publicaciones de LPR. Isobel Stevenson, quien leyó los primeros borradores, ha sido de gran ayuda en la reorganización del libro para que se adecuara a la imprenta.

También agradezco a mis amigos, colegas y compañeros de trabajo en el ministerio, que caminaron conmigo mientras escribía este libro: el doctor Fernando y la doctora Teresa Lua, el pastor Eric Obado, el doctor Edwin Perona, la doctora Hannah Haskel, el doctor Alwin De Leon, el reverendo Benjie De Jesus, el doctor Wil Hernandez, y mi grupo de escritores *RootWord*, con la doctora Mona Bias y el doctor Rod Santos.

A las iglesias y comunidades donde tuve la oportunidad de compartir algunas de las ideas que se encuentran en este libro a través de la predicación y la enseñanza: la Iglesia Life Gospel (LGC), donde comenzó el arranque para este libro; la Iglesia Proclaim Christ until He Comes (especialmente, el Instituto Bíblico de la iglesia); la Iglesia St Mary Magdalene (Bristol, Inglaterra); Jesus Cares Fellowship (Bristol, Inglaterra); Christian Alliance Fellowship East (especialmente a mi grupo de los miércoles); la Iglesia Capital City Alliance (CCAC); el Instituto y Seminario Faith, Hope, and Love Prayer; las Iglesias Evangélicas Unidas de Filipinas (UECP por su sigla en inglés); la Alliance Graduate School (AGS); Society of Divine Word, Tagaytay y la Escuela de Teología Loyola (Ateneo de Manila): gracias por el privilegio de aprender y compartir con ustedes.

Y a la Sociedad Langham, cuya beca para escritores me permitió tener cierto tiempo libre para enfocarme en escribir.

¡Doy a Dios toda la alabanza y la gloria por su misericordia y su gracia!

Rico Villanueva
Cainta, Rizal
Setiembre de 2016

Introducción

'¡El agua ya llegó al segundo piso!'

Jojo es mi hermano menor. Él, su esposa y sus dos hijas, una niña de siete años y un bebé, estaban atrapados por la inundación que entraba a su casa. Yo no sabía cómo responder a su llamado. Mi familia y yo estábamos en la misma situación y habíamos estado tratando de salvar lo que podíamos. Habíamos subido la mayor parte de nuestras pertenencias al segundo piso de la casa, incluyendo el refrigerador y todo cuanto pudimos levantar. Nosotros también estábamos entrando en pánico. El agua todavía no había llegado al segundo piso, pero subía rápidamente. Había llovido toda la noche, sin interrupción. No había forma de ayudar a Jojo y su familia.

Afortunadamente, Jojo ideó un plan. Rompió una ventana, ató unas cuerdas a las rejas y armó un frágil puente hasta la casa vecina. Luego, él y su esposa cruzaron a sus hijas sujetados de la cuerda. Fue una experiencia aterradora. El agua allá abajo era profunda y la corriente, fuerte. Si caían, morirían.

Las casas y los vehículos de la vecindad eran arrastrados por las aguas. Una cámara de televisión captó la horrorosa secuencia de dos niños de no más de diez años, aferrados a la rama desprendida de un árbol. Cuando la fuerza de la corriente los arrancó de la rama, la corriente los arrastró. Tenían las manos apretadas en posición de oración cuando las aguas los arrastraron hacia la muerte. Sé de una madre que vio todo eso por la televisión. Miró a sus dos hijos, de la misma edad de los que habían perecido. *¿Por qué*, se preguntó, *esos dos niños murieron mientras oraban y en cambio mis hijos se salvaron*?

Todo esto ocurrió un sábado de 2009 cuando el tifón Ondoy destruyó casas, pueblos e incontables vidas. Incluso quienes no sufrieron daños de manera directa fueron profundamente afectados. Yo mismo empecé a sufrir ataques de pánico cada vez que llovía con fuerza.

Al día siguiente, domingo, ninguno de nosotros pudo asistir a la iglesia. Muchas iglesias estaban bajo el agua. En nuestro pueblo, llevó varios días que el agua retrocediera. En otros lugares, pasaron meses antes de que se secara. Pero una semana después del tifón, el primer domingo que pudimos volver a la iglesia, prediqué en el servicio del domingo de una iglesia pequeña. Para mi asombro, el que dirigía el culto habló como si todo fuera normal. Ni siquiera mencionó al tifón. Entonamos tres himnos, ninguno de los cuales se relacionaba con lo que habíamos experimentado. Recuerdo que tenía el himnario en las manos y leía la letra de alabanza que cantaba la gente, sin poder pronunciar las palabras. Las oraciones de ese día no mencionaron la tragedia que acabábamos de sufrir. Me pregunté *¿Por qué no hay nada en nuestro culto acerca de lo que hemos experimentado?*

'Solo cantamos canciones alegres'

Hacía mucho tiempo que me preguntaba precisamente esto. Mientras pastoreaba una iglesia en Manila, nos reuníamos en la iglesia domingo tras domingo y entonábamos cantos al Señor, la mayoría de alabanza. De tanto en tanto, alguna terrible aflicción golpeaba a nuestros miembros: enfermedades, problemas graves, distintos sufrimientos, pero nuestros cantos seguían siendo los mismos.

Había una discordancia entre lo que cantábamos y lo que experimentábamos. La mayoría de nuestras canciones eclesiásticas proviene de Occidente. Muchas son buenas canciones, pero otras muchas no calzan con muestras experiencias como personas que sufren. Tienden a presentar la vida como si siempre fuera alegre y bella. Incluso algunas de nuestras canciones en idioma *tagalo* no difieren de ellas. Una de las más conocidas declara: '*Ang buhay ng Kristiyano ay masayang tunay …laging masayang tunay*' [La vida cristiana es una vida verdaderamente feliz… todo el tiempo feliz]. Otra canción en *tagalo* dice: '*Kasama natin ang Diyos, di ako matatakot … Dumaan man ako sa ilog, di ako malulunod*' [Dios está con nosotros, no temeré… Aun cuando pase por ríos, no me ahogaré]. Nuestras casas y pueblos están inundados, ¡y seguimos cantando canciones felices!

¿Solo testimonios positivos?

Observamos el mismo énfasis cuando escuchamos lo que se conoce como 'compartir' o 'dar testimonio' en las reuniones de la iglesia. En una oportunidad, asistí a una reunión de pastores en Manila en la cual el pastor que dirigía comenzó la reunión diciendo: '*¡Bawal angnakasimangot dito!*' [¡Aquí está prohibido el ceño fruncido!] A lo mejor solo bromeaba, pero sus palabras reflejan la visión general de que cuando se está en la iglesia, en una reunión cristiana, se supone que uno debe estar bien. Sin embargo, yo no me sentía bien emocionalmente. Y, para peor, ahora también me sentía fuera de lugar en la reunión.

Más tarde, hablando con la persona responsable del cuidado pastoral de cierta denominación, me confirmó que mi experiencia no era aislada. Contó que, en una reunión de pastores de distrito, el líder comenzó diciendo: 'Es la hora del testimonio. Queremos escuchar sus alabanzas. Por favor no hablen de sus problemas porque eso no ayuda a nadie'[1]. Muchos pastores habían asistido a ese encuentro para compartir sus cargas, pero se les impidió hacerlo. Por eso muchos no asisten a esas reuniones. Los encuentros de pastores en algunas ocasiones pueden estar extremadamente enfocados en los logros. En mi experiencia, el tema principal de las conversaciones es cómo está creciendo la iglesia de cada uno, cuántos miembros tienen. En una oportunidad, le pregunté a un pastor amigo al que no veía por mucho tiempo: '¿Cómo *estás*?'. Respondió hablándome de su *iglesia*, de lo bien que estaba creciendo.

Lamentablemente, lo que ocurre en los encuentros de líderes eclesiásticos se vuelca a la iglesia misma. Observa cómo son los encuentros para compartir o dar testimonio en nuestras iglesias. La mayoría, si no todos, giran en torno a las cosas positivas, los problemas resueltos y las oraciones respondidas. ¿Cuándo fue la última vez que escuchaste que alguien de pie al frente de la iglesia compartiera una lucha dolorosa por la que está pasando, y punto? ¿Cuándo fue la última vez que viste a alguien llorar frente a la iglesia porque ya no tenía más fuerzas?

---

[1] Correspondencia personal con el Reverendo Narciso V. Castro (h.), ministro nacional para el cuidado pastoral, de la Alliance of Bible Christian Churches [Alianza de Iglesias Cristianas Bíblicas] de las Filipinas.

Nos aseguramos de que nuestras reuniones de adoración sean pura celebración, como una fiesta. Nuestras canciones siempre son optimistas y nuestros equipos de adoración se proponen terminar siempre en un tono alegre. Un profesor del seminario en Estados Unidos de América, cuya esposa se había divorciado de él, comentó que durante los cinco años de dolor y sufrimiento que había pasado, la única parte del culto de adoración que tenía sentido para él y le era de utilidad eran los cinco minutos de oración que propiciaba el ayudante del pastor por la gente que sufría. El resto del servicio (los cantos, el sermón y todo lo demás) era para la gente feliz. Me temo que podemos decir lo mismo de muchas iglesias evangélicas de nuestro país. Incluso si compartimos nuestro problema en los momentos de testimonio, generalmente, terminamos con frases como: 'Pero sé que todo estará bien' o 'Pero sé que Dios tiene un propósito'. Aunque esas afirmaciones son ciertas, me pregunto si quienes las pronuncian lo hacen solamente para tapar o negar su dolor y su incertidumbre. O, a lo mejor, solo sienten que deben seguir un 'guion'.

En una ocasión, Scott Ellington dirigió un estudio sobre cómo se realizaban los testimonios en cierto grupo de iglesias. Lo que encontró fue revelador. Descubrió que los testimonios ya no eran espontáneos: eran revisados por los líderes antes de que se hicieran públicos. Los líderes querían asegurarse de que lo que se compartiera públicamente sirviera para aumentar la fe[2]. Una oración sin respuesta no calificaría como 'testimonio'.

Pero si todos los testimonios y las vivencias compartidas que escuchamos son sobre las oraciones respondidas y las experiencias victoriosas, dejamos de lado lo que viven muchas personas de la iglesia. Mientras algunos pueden dar testimonio de las grandes cosas que Dios está haciendo en sus vidas, a otros les cuesta identificarse con lo que están diciendo. De hecho, algunos pueden preguntarse por qué las oraciones de quienes dan testimonio fueron respondidas, mientras que sus propias oraciones no. De la misma manera, cuando nuestras congregaciones entonan cantos de victoria, algunos tenemos dificultad para acompañar. Hay una canción en tagalo: *'Kahit may problema at wala kang pera, di ba't laging masaya?'* [Aunque haya problemas

---

2 Scott A. Ellington, "The Costly Loss of Testimony", *Journal of Pentecostal Theology* 16 (2000): 48–59.

y no tengas dinero, ¿acaso no estamos siempre contentos?]. Pero digámosle eso a la esposa que se preocupa cada vez que llega la factura de electricidad. Digámosle eso al padre que se ve obligado a sacar a su hija del colegio porque ya no tiene dinero para pagar la matrícula. Cantamos: '*Kasama natin ang Diyos … di ako malulunod*' [Dios está conmigo… no me ahogaré]. Pero ¿cómo pueden cantar esa canción los seres queridos de quienes fueron arrastrados por el tsunami? Cantamos: '*Kasama natin ang Diyos … di akomasusunog*' [Dios está conmigo… no me quemaré] ¿Cómo puede alguno de los miembros de mi iglesia, cuya casa se incendió completamente, identificarse con esto? ¿Cómo pueden relacionarse con eso las familias, cuando los terremotos de Nueva Zelanda y Japón en 2011 mataron a sus seres queridos y aplastaron sus vidas? ¿Cómo puede el padre que perdió toda su familia en el tifón Sendong (el fenómeno que mató a más de cinco mil personas) pensar en cantar una canción así?

La supresión de lo negativo en la iglesia

Lo triste es que en gran medida hemos suprimido exitosamente lo que muchos consideran 'negativo'[3]. No hay lugar para emociones negativas como la desesperación, la tristeza, la soledad, el temor o la ira; no hay lugar para las acciones negativas como luchar, lamentar, llorar, clamar y cuestionar a Dios; no hay lugar para situaciones negativas como el fracaso, los accidentes o las calamidades. Hoy en día, en general,

- no está bien estar deprimido
- no está bien estar triste
- no está bien llorar
- no está bien tener miedo
- no está bien luchar
- no está bien estar enojado
- no está bien cuestionar a Dios
- no está bien fracasar

---

[3] Lo denomino 'negativo' aquí, pero no porque yo lo considere negativo. Como demostraré en este libro, generalmente, las emociones que la gente considera negativas, como la ira, en realidad pueden ser emociones positivas. Pero aquí retengo la palabra 'negativo' porque es así como mucha gente ve hoy en día esas emociones.

Al hablar sobre sus propias experiencias en Singapur, Gordon Wong, pastor y erudito en Antiguo Testamento, escribe: 'Nuestras iglesias hacen hincapié en la oración y la alabanza a Dios. Pero casi siempre pensamos que las únicas oraciones aceptables para Dios son palabras de alabanza y de agradecimiento'[4]. Señala la ausencia de oraciones como los Salmos de lamentación y Habacuc.

> Muchas iglesias hoy han perdido una importante dimensión de la oración y la adoración. Recalcamos de tal manera la gratitud, que damos la impresión de que a Dios solo podemos adorarlo con un corazón feliz, o que solo pueden hacerlo las personas que se sienten rebosantes de alabanza. Muchos de nuestros comentarios en el culto están destinados a instar que el adorador se sienta de la manera 'correcta', buena, positiva y gozosa. Incluso decimos cosas como 'No puedes alabar sinceramente a Dios si estás preocupado por tus problemas. Deja a un lado tus problemas ahora mismo. Estamos en la casa de Dios. Que las preocupaciones de este mundo no te distraigan. Sencillamente enfócate en Dios y alaba su nombre'[5].

Denise Ackermann, líder cristiana sudafricana, ha hecho una observación similar:

> Los actos de lamentación han desaparecido de la liturgia de nuestras iglesias. La súplica [el gemido de dolor] de personas que encaran directamente a Dios, pidiéndole que responda por la insolubilidad del sufrimiento, se considera litúrgicamente inapropiada en el cristianismo dominante en mi país[6].

Una mirada a los libros de culto de las denominaciones principales revela que 'los salmos de lamentación están pobremente representados...

---

4 Gordon Wong, *God, Why?: Habakkuk's Struggle with Faith in a World Out of Control* (Singapur: Armour, 2007), 7.

5 *Ibidem.*

6 Denise Ackermann, "'A Voice Was Heard in Ramah': A Feminist Theology of Praxis for Healing in South Africa", en *Liberating Faith Practices: Feminist Practical Theologies in Context*, eds. Denise Ackermann y Riet Bons-Storm (Leuven: Peeters, 1998), 96; citado en John Swinton, *Raging with Compassion: Pastoral Responses to the Problem of Evil* (Grand Rapids, MI: Eerdmans, 2007), 115.

Con llamativas excepciones, parecería que la oración y la adoración en muchas congregaciones cristianas no dan lugar para las experiencias de lamento, protesta y queja contra Dios'[7].

Mal preparados para enfrentar la tragedia

Como en nuestras iglesias no hay lugar para las experiencias negativas, no sabemos cómo responder cuando ocurren hechos trágicos. John Swinton relata su propia experiencia en Irlanda después del bombardeo de Omagh, que mató veintiocho personas y dejó alrededor de otras doscientas heridas y mutiladas. Poco después del bombardeo, Swinton asistió a la iglesia y observó (como lo hice yo después que el tifón Ondoy devastara Manila) que no se había hecho ninguna mención a la tragedia en todo el servicio de adoración.

> Había algo que estaba muy mal en nuestra iglesia, y a pesar de que había asistido durante tres años, nunca lo había notado. Parecía que no teníamos ninguna capacidad para manejar la tristeza. Mientras reflexionaba cómo adoraba mi iglesia, sus énfasis, su tono, sus expectativas, las esperanzas expresadas, de repente comprendí claramente que *no había lugar en nuestra liturgia ni en nuestra adoración para la tristeza, el quebranto y el cuestionamiento.* Teníamos mucho lugar para el amor, el gozo, la alabanza y la oración, pero parecía que veíamos el reconocimiento de la tristeza y el trágico quebranto de nuestro mundo casi como equivalente a la falta de fe. Como resultado, *cuando golpeó la tragedia… no teníamos idea de qué hacer con ella ni cómo expresar nuestra aflicción. Como no habíamos practicado conscientemente el arte de reconocer, aceptar y expresar la tristeza, no habíamos desarrollado la capacidad de lidiar con la tragedia…* Frente al mal y al sufrimiento, cantábamos canciones alegres y expresábamos ideas animadas, en lugar de llorar con los heridos y lamentarnos junto al Dios Soberano[8].

---

7   K. D. Billman y D. L. Migliore, *Rachel's Cry: Prayer of Lament and the Rebirth of Hope* (Portland, OR: Wipf & Stock, 1999), 13.

8   Swinton, *Raging with Compassion*, 92–93, énfasis del autor.

Negar los verdaderos sentimientos

Como en las iglesias no hay lugar para nuestras experiencias negativas, no solamente estamos mal preparados cuando golpea la tragedia, sino que, además, las personas aprenden a negar sus verdaderos sentimientos. Al no haber lugar para sus experiencias negativas, aprenden a ocultarlas. Se sienten obligadas a crear su propia 'identidad virtual', la imagen de que están 'siempre bien'. El erudito en el Antiguo Testamento y líder cristiano, Chris Wright, señala:

> Hay una presión implícita para asfixiar nuestros sentimientos reales porque estamos urgidos, por piadosos mercaderes de la negación emocional, a tener 'fe'… Así que terminamos vociferando pretendidas emociones que no sentimos, mientras escondemos en lo profundo las emociones reales con las que luchamos[9].

¿Qué hacemos entonces? ¿Cómo encaramos el fracaso de la iglesia de no dar lugar a nuestras experiencias negativas?

---

[9] Wright, *The God I Don't Understand*, 52. Traducción al español tomada de: https://books.google.com.ar/books?id=zwuO-ZFP3RIC&printsec=frontcover#v=onepage&q=jerem%C3%ADas&f=true

Capítulo 1

Aprendamos
de los Salmos de lamentación

Domingo tras domingo, observaba el abismo creciente entre lo que experimentábamos y lo que declarábamos en nuestros cantos y testimonios. De modo que comencé a buscar guía para enfrentar ese problema. Lo que descubrí es que había lamentos en todo el Antiguo Testamento (por ejemplo: Isaías 63.7–64.11; el libro de Lamentaciones). Pero los lamentos se concentraban particularmente en el libro de los Salmos, que está lleno de canciones y oraciones que brotan de las experiencias dolorosas de la gente. Allí encontré la voz que estaba buscando, la que proviene de lo profundo. 'A ti, Señor, elevo mi clamor desde las profundidades del abismo' (Sal 130.1).

¿Qué son los salmos de lamentación?

Los autores de los salmos de lamentación no se quejan ni se lamentan de cosas como estar estancados en un embotellamiento de tráfico. Sus salmos surgen de experiencias desesperantes, graves, continuas, de las que no pueden escapar. Algunas son provocadas por crisis nacionales como una cosecha perdida o la derrota en una guerra (Sal 44), y muchas parecen haber sido escritas por el rey, que se refiere a sí mismo como 'yo' cuando habla en lugar de su pueblo sufriente. Otros salmos hablan de crisis más personales como enfermedades prolongadas (Sal 6), depresión (Sal 13.2), o la traición de alguien muy cercano (Sal 55.12–14)[1].

---

[1] En su libro *Psalms: Reading and Studying the Book of Praises* (Peabody, MA: Hendrickson, 1990, 23) W. H. Bellinger divide los Salmos de lamentación de la

Es importante observar que todos esos lamentos, los personales y los comunitarios, son parte del libro de Salmos, que funcionaba más bien como un himnario utilizado en la adoración en el templo de Jerusalén. Eso significa que incluso los lamentos personales no eran puramente personales sino destinados a ser usados en comunidad. Los autores se lamentaban ante Dios en el contexto de la comunidad, y la comunidad escribía y utilizaba sus lamentos.

Las personas que escribieron los salmos de lamentación no guardaban silencio respecto a lo que sentían o experimentaban. Plasmaron sus experiencias con poesías y música. Aunque ya no tenemos acceso a la música original de estos salmos, las palabras poéticas permanecen, junto con la emoción que las acompañaba. En estas lamentaciones conocemos la agonía del pueblo. Sentimos su dolor. Tenemos el privilegio de ver las luchas, los sufrimientos y la oscuridad que soportaron los creyentes del Antiguo Testamento. Se nos invita a caminar con ellos 'por el valle de sombra y de muerte' mientras nos conducen a la senda que lleva a la luz. Sus lamentos nos hacen sentir que no estamos solos. Nos ofrecen palabras que podemos usar en nuestro recorrido, que también está marcado por el dolor y el sufrimiento.

Lo más importante de todo es que los lamentos nos abren un camino hacia Dios. No son palabras vacías lanzadas a la nada. El pueblo de Dios tiene alguien a quien dirigir sus lamentos. De hecho, el lamento es un tipo de oración. Eso es lo que diferencia los lamentos bíblicos de muchos lamentos modernos, que simplemente se quejan de la vida en general, del gobierno, de la corrupción y demás. Los lamentos que encontramos en el libro de los Salmos no son solo quejas; son oraciones, oraciones honestas. Lo que hace particularmente poderosos a los salmos de lamentación es que son oraciones y Palabra a la vez. Los salmos de lamentación han sido incluidos en nuestra Biblia y, por lo tanto, tienen un mensaje

---

siguiente manera:

Salmos de lamentación individual: 3, 4, 5, 6, 7, 9–10, 11, 13, 16, 17, 22, 25, 26, 27, 28, 31, 35, 36, 38, 39, 40, 42–43, 51, 52, 54, 55, 56, 57, 59, 61, 62, 63, 64, 69, 70, 71, 77, 86, 88, 94, 102, 109, 120, 130, 140, 141, 143.

Salmos de lamentación comunitaria: 12, 14, 44, 53, 58, 60, 74, 79, 80, 83, 85, 90, 106, 108, 123, 126, 137.

importante para nosotros hoy. Nos invitan a presentar todas nuestras emociones negativas y nuestros fracasos ante Dios. Usando sus mismas palabras, podemos luchar, llorar e incluso plantearle a Dios nuestras preguntas.

¿Por qué predicar sobre los salmos de lamentación?

Como vimos en el capítulo anterior, el fuerte énfasis en lo positivo y en las victorias de algunas iglesias y comunidades significa que nuestras experiencias negativas se ven ahogadas por el ruido de la alabanza. Pero nuestras experiencias negativas son reales y tienen un lugar en la Biblia. Como pastores, tenemos la responsabilidad de ayudar a nuestra gente a entender eso, predicando sobre los salmos de lamentación. Al hacerlo:

- *crearemos un espacio para nuestras experiencias negativas en la comunidad de adoración.* Necesitamos de los salmos de lamentación para dar voz a nuestras experiencias negativas. Los salmos nos dicen que está bien no estar bien. Hay lugar para la tristeza, la depresión, la ira, las preguntas y las luchas. No tenemos por qué negarlas; son parte de nuestra espiritualidad y de nuestro caminar con Dios. Al reconocerlas y traerlas ante Dios de la manera que lo hacen los salmos de lamentación, convertimos nuestras experiencias negativas en oportunidades para crecer y acercarnos a Dios.
- *desafiaremos a las personas a confrontar sus sufrimientos y sus luchas.* Ninguno de nosotros quiere el sufrimiento y el dolor. Preferiríamos negarlos o ignorarlos. Pero también sabemos que no somos inmunes al sufrimiento. Nadie sale ileso de la vida. Todos tenemos días en los que ya no queremos levantarnos. Algunos tenemos que ir a la iglesia los domingos, aunque no nos sintamos bien o tengamos una lucha interior. Sin los lamentos, quizás no hay oportunidad de enfrentar lo que estamos atravesando. La mayor parte del servicio de adoración, los cantos, el sermón, etcétera, son para las personas que están bien. Al traer a colación los salmos de lamentación, nos aseguramos de que nuestras experiencias

negativas reciben la atención que necesitan. Para algunos esto puede ser incómodo. ¿A quién le gusta reconocer que no está bien? Pero no podemos avanzar hacia la restauración hasta que no enfrentemos nuestra verdadera situación.

- *podremos invitar a la gente a venir a Dios y derramar frente a él su corazón.* Los salmos de lamentación proporcionan palabras para expresarnos frente a Dios. Hay ocasiones en las que, simplemente, no sabemos qué decir. La belleza de los salmos de lamentación es que expresan por nosotros aquello por lo que estamos pasando. Todas las emociones que atravesamos se encuentran en el libro de los Salmos, incluyendo las negativas. Y como los salmos de lamentación son oraciones, se convierten en medios para derramar nuestra angustia y súplicas personales a Dios. Una de las mejores maneras de predicar los lamentos es invitando a la congregación a orar al final con las palabras del lamento.

Puse en práctica las ideas que mencioné recién y comencé a enseñar y predicar sobre los salmos de lamentación cada vez que fuera apropiado. Enseñaba sobre los salmos de lamentación en nuestras reuniones de oración, durante Semana Santa y en otras oportunidades. Después de dos años de hacerlo, comencé a ver fruto. En una ocasión, tuvimos lo que yo denominaría una experiencia moderna de lamento comunitario. Ese domingo por la mañana, después que terminó el servicio de adoración y todos estaban a punto de retirarse, uno de los miembros, una madre, se adelantó y comenzó a compartir sus luchas. Lloraba. Los miembros que estaban yéndose regresaron y la escucharon. No era el típico testimonio de 'tengo un problema, pero…'. Esa madre realmente estaba compartiendo un lamento con la congregación. Regresé desde el fondo de la iglesia. Cuando terminó de hablar y todavía sollozaba, dirigí a la congregación en una oración de lamentación. Dije lo terriblemente mal que nos sentíamos por lo que le había ocurrido a ella. 'Estamos muy mal', dije. No terminé con una nota positiva. Terminé precisamente así. Pero cuando abrí los ojos, vi que muchos de nuestros miembros tenían lágrimas en los ojos. Percibí en ellos una sensación de alivio y liberación. Está bien no estar bien en la iglesia.

Ese es el mensaje de este libro. Si tengo que resumir el mensaje de los salmos de lamentación, es de la siguiente manera:

Está bien no estar bien

- Está bien estar deprimido
- Está bien estar triste
- Está bien tener miedo
- Está bien enojarse
- Está bien luchar
- Está bien llorar
- Está bien cuestionar a Dios
- Está bien fracasar

Espero que este libro te ayude a entender cómo podemos usar estos salmos en nuestras iglesias y comunidades. Aprenderemos a apreciarlos como *poesía*, lo cual expresará vivamente nuestras penas humanas, como *indicadores* hacia Dios, en tanto nos enseñan una teología del sufrimiento, y como *oraciones*, con las que podemos identificarnos y de las que podemos apropiarnos cuando nos faltan las palabras a causa del dolor.

¿Cómo predicar sobre los salmos de lamentación?

Aún es demasiado pronto en este libro como para indicarte detalladamente cómo preparar un sermón sobre un salmo de lamentación. Habrá ejemplos de ello más adelante, y algunos ejemplos detallados en el Apéndice. En este punto, solo quiero que pongas tu atención en cuatro pasos clave que te ayudarán a discernir el mensaje de Dios para ti mismo y para aquellos a quienes les predicas.

1. Presta atención al movimiento entre lamento y alabanza en estos salmos.
2. Identifica los tipos de sufrimiento descritos en cada salmo.
3. Discierne qué mensajes acerca de Dios, la vida de fe y la realidad en general podemos sacar de esas descripciones del sufrimiento.
4. Participa de cada salmo de lamentación orando literalmente con las palabras del salmo, experimentando por ti mismo los movimientos

entre lamentación y alabanza, y presentando ante Dios tus propias experiencias y las de los demás a medida que te identificas con los sufrimientos descriptos en el salmo.

Cada capítulo de este libro termina con una invitación a dedicar tiempo a encontrarse con uno de los salmos de lamentación. Que Dios te hable y, por tu intermedio a su pueblo, mientras meditas en qué significa para nosotros lamentar en comunidad.

Capítulo 2

Está bien
estar deprimido

Una querida hermana en el Señor me dijo en una oportunidad: 'Necesito más que nunca estar fuerte. Porque ¿no es acaso en nuestros momentos de aflicción cuando más necesitamos mostrar nuestra fe en el Señor?' Esta hermana atravesaba uno de los momentos más difíciles de su vida. Había descubierto que su novio de varios años era un hombre casado. Me puso muy triste enterarme de esa noticia, porque la última vez que hablamos me pareció que estaban haciendo planes para casarse. A pesar del problema, ella había continuado la relación por un tiempo, con la esperanza de que hubiera una salida. Pero nada cambió, de manera que se vio obligada a romper la relación. Estaba cerca de los cincuenta años, con la incertidumbre de poder casarse alguna vez. La miré a los ojos y percibí su soledad y su tristeza. Quería ser fuerte. No quería confesar que estaba deprimida. Sin embargo, también me estaba preguntando: '¿Es así como se supone que debo estar? ¿No se nos permite estar deprimidos, incluso cuando atravesamos una situación realmente difícil?'.

Lo que quiero responderle a esa hermana es lo mismo que quiero decirte a ti en este capítulo: Está bien estar deprimido. Pero primero, ¿qué queremos decir con la palabra 'deprimido'? Creo que la canción *'Precious Lord, Take My Hand'* [Precioso Señor, toma mi mano] es lo que mejor describe lo que quiero decir con 'estar deprimido'. Esta canción fue compuesta por Thomas A. Dorsey en respuesta a la muerte de su esposa durante un parto. El bebé también había fallecido. Algunas frases de la canción describen específicamente lo que quiero decir con la palabra 'deprimido':

> Estoy cansado, estoy débil, estoy agotado
> Cuando mi camino se vuelve deprimente
> Cuando casi se me acaba la vida
> Cuando viene la oscuridad y se acerca la noche
> Cuando el día acaba y desaparece la luz[1].

Quizás puedas identificarte con alguna de esas palabras y los sentimientos que reflejan estos versos. En la Biblia encontramos que aun personas de gran fe, las que estaban más cerca de Dios, experimentaron lo que significa estar deprimido. Casi puedo oír a Moisés clamando 'Estoy cansado, estoy débil, estoy agotado' a causa de las constantes quejas y murmuraciones de los israelitas. Era demasiado para Moisés, al punto que oró a Dios pidiéndole que se lo llevara:

> Yo solo no puedo con todo este pueblo. ¡Es una carga demasiado pesada para mí! Si este es el trato que vas a darme, ¡me harás un favor si me quitas la vida! ¡Así me veré libre de mi desgracia!
>
> *Nm 11.14–15*

Elías podría haber cantado tranquilamente las palabras 'Cuando casi se me acaba la vida'. Él también deseaba estar muerto. Y eso fue justo después de uno de los hechos más asombrosos de su ministerio como profeta, haber ganado la competencia contra los profetas de Baal. Pero como dice 1 Reyes 19.4:

> Y caminó todo un día por el desierto. Llegó adonde había un arbusto, y se sentó a su sombra con ganas de morirse. '¡Estoy harto, Señor! —protestó—. Quítame la vida, pues no soy mejor que mis antepasados'.

El autor del Salmo 88 conoce muy bien la oscuridad aludida en la frase 'Cuando viene la oscuridad y se acerca la noche'. Dice:

> Me has quitado amigos y seres queridos; ahora solo tengo amistad con las tinieblas.
>
> *Sal 88.18*

---

[1] Thomas A. Dorsey, "Precious Lord, Take My Hand", 1938 Hill & Range Songs, Inc. Usado con permiso de Hal Leonard Corporation.

¿Y cómo podemos saltear a Jeremías, conocido como el 'profeta llorón'? Escuchemos sus palabras:

> ¡Ojalá mi cabeza fuera un manantial, y mis ojos una fuente
> de lágrimas, para llorar de día y de noche por los muertos
> de mi pueblo!
>
> *Jer 9.1*

Esta breve lista de personas de la Biblia muestra que estar deprimido no es algo que solo experimentan los debiluchos. Incluso los mejores en el pueblo de Dios pueden estar deprimidos.

Algunos de los salmos también tratan sobre la experiencia de alguien muy cercano a Dios que, no obstante, se siente deprimido. Considere los Salmos 42 y 43, que comienzan con las conocidas palabras 'Cual ciervo jadeante en busca del agua, así te busca, oh Dios, todo mi ser' (Salmo 42.1)[2]. Al igual que Moisés, Elías y Jeremías, este salmista es alguien muy cercano a Dios. En el versículo 1 compara sus ansias de Dios con las de un ciervo que busca agua. Israel es un país árido y cuando llueve, el agua desaparece rápidamente. El agua viene y se va muy pronto, y cuando el pobre ciervo la busca encuentra poca, en el mejor de los casos, o nada. El salmista observa al ciervo buscar el agua desesperadamente, agua que ya ha desaparecido, y dice a Dios: 'Dios, así como ese ciervo morirá si no encuentra agua, así estoy yo, muriendo por ti'.

Sin embargo, esa persona que anhela tan profundamente a Dios con todo su ser nos dice que en lugar de a Dios, lo único que tiene son lágrimas:

> Mis lágrimas son mi pan de día y de noche, mientras me
> echan en cara a todas horas: ¿Dónde está tu Dios?' (v. 3).

La única 'agua' que encuentra es la de sus lágrimas. Su ansia de Dios no le produjo paz ni alegría, ni siquiera un alivio de la angustia emocional que estaba experimentando. En lugar de eso, agravó su situación.

Pero el salmista no se rinde fácilmente. Se alienta a sí mismo, en realidad le habla a su alma:

---

[2] Los Salmos 42 y 43 en realidad constituyen un único salmo, como lo indica el mismo estribillo en ambos capítulos (42.5, 11; 43.5) y la ausencia de un sobrescrito en el Salmo 43.

> ¿Por qué voy a inquietarme? ¿Por qué me voy a angustiar?
> En Dios pondré mi esperanza (v. 5a).

Anima a su alma y se pregunta: '¿Por qué voy a inquietarme? No debería estar así'. Tal vez le han dicho que las personas cercanas a Dios deberían estar siempre bien. Por lo tanto, le ordena a su alma que confíe en Dios.

> En Dios pondré mi esperanza, y todavía lo alabaré. ¡Él es
> mi Salvador y mi Dios! (v. 5b).

Pero a pesar de su intención inicial, confiesa:

> Me siento sumamente angustiado (v. 6a).

Creo que esta es una confesión muy valiente. Admitir que uno no está bien, reconocer que uno está desanimado, es toda una hazaña. Cuando todas las voces que escuchas, incluyendo la propia, te dicen 'Sigue confiando en Dios', o 'No renuncies', este salmista está diciendo: "¿Saben qué? He luchado e intentado evitar la desesperación en mi alma, incluso he probado recordar los mandamientos y palabras alentadoras, de 'poner la esperanza en Dios', pero para ser sincero, sigo deprimido".

Sigue intentando animarse recordando al Señor:

> Por eso, mi Dios, pienso en ti desde la tierra del Jordán,
> desde las alturas del Hermón, desde el monte Mizar (v. 6).

Pero cuanto más lo intenta, peor se siente. Le dice al Señor:

> Todas tus ondas y tus olas se han precipitado sobre mí
> (v. 7).

Como los dos niños que fueron arrastrados por las aguas del Ondoy (ver la Introducción), el salmista se está ahogando; siente que su vida se desvanece.

Tres veces repite las palabras '¿Por qué voy a inquietarme? ¿Por qué me voy a angustiar? En Dios pondré mi esperanza' (Salmos 42.5, 11; 43.5). Eso demuestra la perseverancia del salmista. Al mismo tiempo, nos dice que incluso una vida de relación muy cercana con Dios, la vida de alguien que anhela profundamente a Dios, no es inmune a la experiencia de desesperación.

Jesús mismo se angustió en cierta ocasión. Mateo cita las palabras de Jesús:

Es tal la angustia que me invade, que me siento morir

Mt 26.38

Aquí, la palabra griega que se traduce como 'angustia que me invade' es la misma palabra que aparece en la traducción griega antigua del Salmo 42.5[3]. Lo que Jesús experimentó en el huerto de Getsemaní no fue simplemente desánimo. No solo estaba triste: estaba 'angustiado'. Mateo dice que estaba tan angustiado que se sentía morir (Mt 26.38). Lucas nos dice que la agonía de Jesús era tal que *su sudor era como gotas de sangre que caían a tierra* (Lc 22.44, énfasis agregado).

Como Moisés, el salmista, y otros, Jesús experimentó qué significa estar angustiado. Pero más llamativo es que lo manifestó a sus discípulos. Jesús no consideró que era inapropiado admitir: 'Es tal la angustia que me invade, que me siento morir'. Las personas que mencioné antes (Moisés, Elías, Jeremías y el salmista) todos experimentaron desesperación y se lo expresaron eso a Dios. Jesús, por otra parte, confesó a sus propios discípulos que se sentía angustiado.

Si eres pastor, intenta decirles a los líderes de su iglesia hoy: 'Estoy realmente angustiado'. ¡Corres el riesgo de perder tu trabajo! Uno de mis estudiantes me dijo que si se muestra débil y reconoce que tiene emociones negativas, nunca será ascendido a un cargo de liderazgo.

¡Qué pena! Ni siquiera podemos ser sinceros sobre lo que nos pasa, especialmente si implica alguna emoción negativa como la desesperación, la depresión o la tristeza profunda. Parece que hemos llegado a un punto en nuestra vida cristiana comunitaria en que ya no podemos mostrar que estamos abatidos. Se espera que estemos siempre bien. Pero la pregunta es: ¿Estamos realmente bien? ¿Acaso no hay momentos en nuestra vida en que simplemente queremos desaparecer? ¿Acaso no tenemos días y noches cuando, como el salmista, 'nuestras lágrimas son nuestro pan de día y de noche'?

En su libro *Pilgrim at Tinker Creek* [Una temporada en Tinker Creek], Annie Dillard describe diversos animales que observó de cerca.

---

[3] La palabra griega utilizada es *perilupos*.

Vio que a la mayoría de las arañas adultas 'les faltaban una o dos patas'. Escribe:

> Pienso en todas las mariposas que he visto, cuyas alas traseras rotas llevan la marca del pico de los pájaros. Vi cuatro o cinco mariposas cometa oriental a las que les faltaba la cola, y una mariposa pandora a la que le faltaban dos tercios de un ala trasera. También los pájaros que constituyen el grueso de mi lista, sus plumas siempre parecen haber sido tironeadas por detrás, salvo por el frailecillo que vi ayer al que le faltaban todos los dedos… En una oportunidad vi un gavilán tijereta, al que confundí con otra especie hasta que al mirarlo con atención vi que le faltaba la parte central de las plumas de la cola; he visto un gavilán totalmente sin cola, y un petirrojo sin cola[4].

Observo a la gente que me rodea en la iglesia y en el lugar donde trabajo, y me pregunto: ¿Acaso no somos todos como esas criaturas rotas en el libro de Annie Dillard? ¿Cuántos tenemos cicatrices, arañazos en la espalda, heridas profundas, dedos inflamados, las piernas rotas y los brazos doloridos, mientras seguimos escapando a duras penas de las crueles realidades de la vida? Me veo a mí mismo y me pregunto cómo es que logré seguir andando todos estos años. He sobrevivido a desafíos en mi ministerio, en mis estudios y en mi matrimonio. Pero no he salido ileso. En medio de esos desafíos, por momentos me he sentido como si me hubieran pedido que corriera o caminara sin pies, que llevara una carga con la espalda rota, o que levantara algo pesado con manos débiles. Muchos de nosotros estamos rotos, pero no queremos mostrarlo. Tenemos miedo de ser rechazados por los demás. Nos han enseñado que no está bien estar angustiado.

Pero, en la vida del pueblo de Dios (incluso en la de Jesús mismo), hemos visto que aun quienes están más cerca de Dios pueden estar angustiados. La experiencia del salmista, en particular, nos enseña que nuestra angustia no es necesariamente una señal de fe débil ni de estar alejados de Dios. Por el contrario, puede ser indicador de una relación con Dios que está creciendo y profundizándose. Como lo señala el estudioso español Alonso Schökel, una manera de saber que

---

4   Annie Dillard, *Pilgrim at Tinker Creek* (New York: Harper & Row, 1974), 235-236.

hemos experimentado la presencia de Dios es por cómo percibimos su ausencia.

> La forma de la presencia de Dios es la consciencia de su ausencia. Una ausencia que no se percibe profundamente es una simple ausencia que no produce dolor. Pero la ausencia que se siente es un modo de estar presente en la consciencia, que produce ansiedad y dolor… Dios se comunica con mayor intensidad cuando provoca la consciencia de su ausencia[5].

En una oportunidad, alguien me preguntó qué sentía al estar lejos de mi familia una semana completa. Le respondí: 'Los extraño penosamente'.

Tendemos a pensar que cuando estamos en la presencia de Dios todo es paz, serenidad y gozo. Una de nuestras canciones dice lo siguiente:

> En tu presencia hay consuelo,
> en tu presencia hay paz[6].

Pero en realidad no siempre es así, según el escritor de textos espirituales Thomas Merton. Este autor compara la vida cristiana con un desierto:

> Jamás olvidemos que la forma común de contemplación pasa por un desierto sin árboles, sin belleza y sin agua. El espíritu entra en una tierra salvaje y viaja a ciegas en direcciones que parecen estar fuera de la vista, lejos de Dios, lejos de toda satisfacción y gozo. Puede resultar casi imposible creer que ese camino lleva a alguna parte, salvo a la desolación poblada de huesos secos, el fin de todas nuestras esperanzas y buenas intenciones[7].

Las experiencias del salmista y del pueblo de Dios en la Biblia demuestran que andar cerca de Dios no siempre tiene que ver con lo que consideramos emociones 'positivas'. Un autor religioso, Juan Dios

---

5 Alonso Schökel, "The Poetic Structure of Psalm 42–43", JSOT 1 (1976): 8–9.

6 Por Sandi Patti, http://www.lyricstime.com/sandi-patty-in-his-presence-lyrics.html, entrada del 17 de febrero de 2012.

7 Thomas Merton, *New Seeds of Contemplation* (New York: New Directions Books, 1972, 1961), 156.

de la Cruz, escribió sobre 'la oscura noche del alma'. Otros cristianos han dado testimonio de sus propias experiencias de esa 'oscura noche'. El teólogo alemán Dietrich Bonhoeffer, a quien Hitler ejecutó en la horca, escribe: 'Esa ansia por conocer los juicios de Dios, cueste lo que cueste, no es una fuerza del alma; por el contrario, es la muerte del alma… Cuando nos sobreviene esa ansia de Dios, el alma sufre un tormento, queda postrada, su delicada estructura se consume'.

La Madre Teresa, cuya sonrisa cautivaba a los enfermos y moribundos en Calcuta y en todo el mundo, admite: 'Hay mucha contradicción en mi alma. Un anhelo profundo de Dios, tan profundo que duele'. Cito estas palabras del libro *Mother Teresa: Come Be My Light* [Madre Teresa: Ven, sé mi luz], que contiene algunas de sus confesiones, publicado después de su muerte[8]. En ese mismo libro, la Madre Teresa pide oración a uno de sus confesores. Su pedido de oración recuerda a la experiencia del salmista en el Salmo 42/43. Ella dice: 'Por favor, ore por mí: el anhelo de Dios es terriblemente doloroso, y la oscuridad va en aumento'.

¿Te sientes angustiado hoy? La buena noticia es que no tienes que fingir que no lo estás. Como Jesús, en realidad puedes decir 'Siento en el alma una tristeza de muerte' (RVC). Está bien estar deprimidos. Está bien admitir que estamos deprimidos. Lo más importante: está bien presentarnos ante Dios cuando estamos deprimidos; especialmente cuando estamos deprimidos. Porque, como hemos aprendido:

- Incluso el pueblo de Dios, aun Jesús mismo, experimentó la angustia.
- No tuvieron miedo ni vergüenza de reconocer ante Dios o ante otras personas que se sentían deprimidos[9].
- Estar angustiado no siempre es un indicador de que algo anda mal en nosotros. El Salmo 42–43 nos dice que estar angustiado puede ser un indicador de una creciente intimidad con Dios.

---

8 Brian Kolodiejchuk, ed., *Mother Teresa: Come Be My Light* (New York: Doubleday, 2007).

9 Por supuesto, no estoy sugiriendo aquí que anunciemos a todo el mundo que estamos angustiados. Jesús se abrió a sus seguidores más íntimos. El problema hoy es que a veces nos cuesta compartir nuestros verdaderos sentimientos incluso con quienes tenemos más proximidad, por temor a que no nos comprendan.

- Lo más importante es que podemos presentarnos ante Dios aun cuando estamos angustiados.

No obstante, que 'esté bien no estar bien' no significa que debamos quedarnos así. Así como atravesamos las diferentes estaciones de la vida, también deberían cambiar nuestras respuestas. El problema es que a menudo pensamos que las experiencias negativas, como estar angustiados, son inaceptables en la vida de fe cristiana.

Hay otro problema relacionado con eso: generalmente tenemos una sola respuesta ante las situaciones de la vida. Hablaremos de eso en el próximo capítulo.

Encuentro con un salmo

Lee el Salmo 42–43.

- El salmista compara su ansia de Dios con un ciervo que busca agua desesperadamente. ¿Ves el mismo anhelo de Dios en la iglesia actual?
- ¿Alguna vez te sentiste deprimido? ¿Te cuesta reconocer las emociones negativas como la desesperación? ¿Cómo las enfrentas?
- Intenta abrir tu corazón a Dios componiendo una oración. Puedes usar el Salmo 42–43 como modelo.
- ¿Con qué frecuencia escuchas el mensaje de que los cristianos deben estar siempre bien?
- ¿Cómo podemos predicar de manera tal que no ignoremos ni neguemos las experiencias negativas de aquellos a quienes les predicamos?

Bosquejo de un sermón sobre el Salmo 42–43

Título: Cómo enfrentar las emociones negativas: Lo que podemos aprender del Salmo 42–43

1) La persona que está cerca de Dios no necesariamente está siempre gozosa
   a) El salmista es alguien realmente cercano a Dios
      i) Compara su anhelo de Dios con el de un ciervo que ansía encontrar agua (42.1)
      ii) Se dirige a Dios como 'mi Dios' (42.1, 5, 11)
   b) Aun así, llora (42.3)
   c) Está angustiado (42.5, 11; 43.5)
2) La importancia de abrirse ante Dios
   a) El salmista es sincero con Dios sobre lo que realmente siente hacia él.
      i) '¿Por qué me has olvidado?' (42.9).

    ii) Compara el Salmo 22.1: 'Dios mío, Dios mío, ¿por qué me has abandonado?'

b) El salmista dice a Dios lo que le hicieron sus enemigos

    i) Aunque se siente abandonado por Dios (42.9), sigue acudiendo a él

c) El salmista suplica a Dios:

    i) ser defendido

    ii) ser liberado

    iii) más intimidad con él (43.3–4)

Conclusión: Aun nuestro Señor Jesús se sintió deprimido (Mt 26.38), así como otros creyentes a lo largo de la historia (Ver arriba: Bonhoeffer, Martín Lutero).

Capítulo 3

Está bien estar triste

'¿Podría orar por él?', me preguntó mi amigo y pastor mientras estábamos con Eric, un pastor de 35 años que había sufrido un ataque al corazón. Estaba en una habitación pequeña de terapia intensiva hacía una semana, y teníamos que turnarnos para visitarlo porque el hospital no permitía más de dos o tres personas a la vez.

Apenas podía oír a Eric cuando se esforzaba por hablar, pero sentía su dolor. Este no era el mismo Eric que había conocido en los días del seminario: alegre, conversador y activo. El Eric que veía ahora casi no podía moverse, no sonreía y sus ojos se veían cansados. Yo sabía que no podíamos quedarnos mucho tiempo porque necesitaba descansar, de manera que me preparé para orar. Sin embargo, al cerrar los ojos, me costó encontrar las palabras adecuadas. No tenía ninguna palabra positiva para decir. De modo que hice una oración similar a uno de los salmos de lamentación: expresé tristeza, pena y aflicción ante Dios. Inmediatamente después de mí, oró mi amigo y pastor. Yo creía que él había delegado la oración en mí, pero comprendí que a lo mejor pensó que le había faltado algo a mi oración. Entonces, en su oración dijo algo que me dejó pensando: 'Señor, esta enfermedad no te glorifica. Pero oro para que la respuesta del pastor Eric sí te glorifique'.

¿Cómo es una respuesta que glorifica a Dios, cuando apenas puedes hablar por el dolor que sientes? ¿Cómo se glorifica a Dios cuando hay mucha incertidumbre y preguntas en la mente? Eric tenía dos niños, uno de ellos un bebé recién nacido. Estoy seguro de que Eric estaba profundamente triste por lo que le había ocurrido, igual que su esposa y familiares. Dada la situación, su tristeza fácilmente podría llevarlo a la depresión.

¿Cómo respondemos de manera que glorifique a Dios en situaciones como esa?

¿Hay solo una respuesta aceptable?

Se nos ha enseñado que, en cualquier situación, debemos responder positivamente. En una oportunidad estaba escuchando una conferencia sobre las lamentaciones, cuando una cita enmarcada que colgaba en una esquina del salón me llamó la atención. Decía:

> Momentos felices: Alaba a Dios
>
> Momentos difíciles: Busca a Dios
>
> Momentos tranquilos: Adora a Dios
>
> Momentos dolorosos: Confía en Dios
>
> En todo momento: ¡Da gracias a Dios!

La respuesta general que tenemos para todas las situaciones es: 'En todo momento ¡da gracias a Dios!' Si lo pensamos, fácilmente podríamos aplicar esto al caso de Eric, ¿verdad? Eric es pastor. La noche previa a ese ataque trágico, había estado en la iglesia. A la mañana siguiente ya no pudo levantarse y fue llevado de urgencia al hospital. ¿Podemos tratar de consolarlo cantando: 'Todo está bien en mi alma'? ¿Podemos alentarlo para que diga: 'El Señor ha dado; el Señor ha quitado. ¡Bendito sea el nombre del Señor!'?

No rechazo ese tipo de respuesta. En algún sentido, la considero admirable. Y hay situaciones en las cuales quienes expresan esas palabras las sienten genuinamente en su corazón. Pero es preocupante cuando se convierte en la única respuesta que conocemos, como si la única respuesta que glorifica a Dios fuera la positiva.

De la misma manera, no está mal que la iglesia sea un lugar de celebración. Hay muchas razones por las que la iglesia debería celebrar. Pero cuando la iglesia está todo el tiempo celebrando, día tras día, eso se convierte en un problema. Porque si la iglesia no aprende a vivir con 'la tristeza, el quebranto y el cuestionamiento' no sabrá cómo responder cuando ocurran hechos trágicos[1]. Debemos aprender que está bien estar tristes, quebrantados y desolados cuando pasamos por situaciones difíciles.

---

[1] Swinton, *Raging with Compassion*, 92.

Diferentes estaciones, diferentes respuestas

Así como sucede con la naturaleza, en la vida pasamos por diferentes estaciones. En Filipinas tenemos solamente dos estaciones: seca y húmeda, lluviosa y soleada. Recién cuando viví en Inglaterra aprecié las palabras de la canción 'Invierno, primavera, verano y otoño'. Todas las estaciones cambian y también lo hace el entorno. El campo está verde durante la estación húmeda, y marrón y desnudo durante la estación seca. Sigue siendo el mismo lugar, pero se ve diferente. Es diferente. La naturaleza se ajusta a sus diversas estaciones.

De la misma manera, pasamos por estaciones en nuestra vida. El erudito en el Antiguo Testamento, Walter Brueggemann, menciona tres de esas etapas[2].

1) La estación de orientación
2) La estación de desorientación
3) La estación de nueva orientación

La primera estación se refiere a las etapas de nuestra vida cuando todo es normal. Por supuesto, sabemos que lo que es 'normal' depende de nuestras circunstancias. El tráfico denso en Manila puede no ser normal para los extranjeros que la visitan por primera vez, pero para nosotros, los filipinos, es normal. Por 'normal' me refiero a lo acostumbrado, podemos manejarnos con ello. Las cosas no son perfectas, claro está, pero la vida en general fluye bien. En la estación de orientación, nuestros días son como un barco que navega 'normalmente' en el mar. Hay algunas olas pequeñas y sopla algo de viento, pero brilla el sol y el barco es perfectamente controlable.

Ahora imaginemos que estamos navegando en el barco y, de repente, vemos venir nubes negras que ocultan el sol. Hay una ráfaga de viento y las olas ya no son pequeñas, ahora son enormes y violentas. Se sacude nuestra serenidad: Sentimos que en cualquier momento podemos morir. No estamos seguros de salir adelante, no hay ninguna garantía. Nos aferramos al barco para salvar nuestra vida, empapados por el agua que arrasa la cubierta. Ahora estamos en una estación totalmente diferente, la estación de desorientación.

---

2 Walter Brueggemann, *The Message of the Psalms* (Mineápolis, MN: Augsburg, 1984).

En la estación de desorientación, desaparece cualquier sentido de normalidad. Buscamos los lugares comunes que conocemos, pero ya no están. Estamos perdidos. Sondeamos profundamente nuestro interior en busca de alguna guía para atravesar el mar furioso, pero es en vano. Lo que queda es nuestro barco, que puede estar a punto de hundirse. La muerte de un ser querido, un accidente, la pérdida de un empleo, o un divorcio pueden llevarnos a la estación de desorientación en nuestra vida. Lo que le ocurrió a Eric también cuenta como estación de desorientación.

La buena noticia es que algunos meses después de nuestra visita, Eric pudo levantarse y caminar, y lentamente volvió a su rutina normal. Había estado a punto de morir, pero sobrevivió. Ahora experimentaba lo que llamaríamos una estación de nueva orientación. Es la estación 'después de la tormenta'. Cuando pensábamos que nuestro barco se hundiría, cesó el viento y las olas se aquietaron. Piensa en cuando Jesús habló al viento y a las olas y calmó la tormenta. Lo que siguió fue una gran quietud, un escenario más pacífico que el anterior a la tormenta. Quienes han tenido cáncer y se recuperaron saben perfectamente de qué hablo. Cuando pensábamos que era el fin, la vida se abrió paso, trayendo un nuevo sentido y esperanza. Las cosas que jamás imaginamos se vuelven posibles. Cuando creíamos que nuestro sufrimiento nunca terminaría, descubrimos que la pesada nube ha desaparecido, así de simple. Sí, hay una cierta sensación de 'así de simple'. Muchos describen la entrada en esta estación como pasar por un proceso de lucha prolongado y luego, por fin, la vida vuelve.

Lamentablemente, algunas personas no llegan a esta estación porque deciden terminar efectivamente con todo, suicidándose. Las personas deprimidas a veces piensan que no hay otro final posible para su oscuridad, su tristeza y su aflicción. Pero hay un fin. Llegará. A lo mejor no sabemos qué es, pero llegará. Y cuando llegue, no veremos la hora de celebrar.

Un tiempo para bailar

Celebrar. Eso es lo que hacían los antiguos cuando pasaban por una estación de nueva orientación. Cuando sus oraciones eran respondidas, los israelitas iban al templo y hacían una ofrenda de acción de gracias, conocida como la *todah*. Ejemplo de un salmo de acción de gracias es el Salmo 116:

> Yo amo al SEÑOR porque él escucha mi voz suplicante. Por cuanto él inclina a mí su oído, lo invocaré toda mi vida... Te ofreceré un sacrificio de gratitud e invocaré, SEÑOR, tu nombre. Cumpliré mis votos al SEÑOR en presencia de todo su pueblo, en los atrios de la casa del SEÑOR, en medio de ti, oh Jerusalén. ¡Aleluya! ¡Alabado sea el SEÑOR!
>
> *Sal 116.1–2, 17–19*

Los fieles celebraban con sus seres queridos. Lo bueno de la *todah* es que el animal ofrecido se entregaba nuevamente a quien lo había traído, el oferente. Este asaba la carne (la gente de ese tiempo no siempre tenía la oportunidad de comer carne) e invitaba a su familia y sus amigos a participar de la fiesta. Juntos celebraban la bondad del Señor. En medio de la celebración, aquel que había experimentado la respuesta a alguna oración se ponía de pie y relataba lo que el Señor había hecho. El Salmo 116 nos da cierta idea de lo que se decía generalmente en esos encuentros.

He presenciado una versión moderna de la *todah* en nuestra iglesia. Cuando una de nuestros miembros sobrevivió a un trasplante de riñón, preparó una fiesta para la iglesia. Había mucha comida; hasta tuvimos lechón, cerdo muy tierno. Nos regocijamos juntos por lo que había hecho el Señor. Esa mujer todavía vive, quince años después de la operación. ¿Acaso no es maravilloso? Ocasiones como esa realmente merecen celebración y gratitud. Y la Biblia, especialmente los Salmos, sabe bien lo que significa celebrar. Si uno lee los Salmos, observa que todos los instrumentos disponibles (címbalos, arpas, tamborines, trompetas, etcétera) se tocaban cuando la gente alababa al Señor (ver Sal 150). Los fieles también bailaban mientras cantaban. ¿Recuerda a David bailando enérgicamente mientras el Arca del Pacto entraba a su casa (2S 6.16)? Piensa en la expresión 'alabanza y adoración' como la conocemos ahora: el pueblo sí que sabía de eso, y más.

Un tiempo para lamentar

Pero no siempre se alegraban, bailaban y entonaban canciones alegres. Cuando golpeaba una estación de desorientación, como la derrota en una guerra o las plagas que aniquilaban sus cosechas, el pueblo iba al templo y se lamentaba ante Dios como comunidad[3]. Ese tipo de oración se conoce como lamento comunitario. El Salmo 44 es un ejemplo de ese tipo de oración. Este salmo comienza con un listado de lo que Dios ha hecho en el pasado: cómo derrotó a los enemigos del pueblo, cómo los salvó y les otorgó la victoria.

> Oh Dios, nuestros oídos han oído y nuestros padres nos han contado las proezas que realizaste en sus días, en aquellos tiempos pasados: Con tu mano echaste fuera a las naciones y en su lugar estableciste a nuestros padres; aplastaste a aquellos pueblos, y a nuestros padres los hiciste prosperar. Porque no fue su espada la que conquistó la tierra, ni fue su brazo el que les dio la victoria: fue tu brazo, tu mano derecha; fue la luz de tu rostro, porque tú los amabas. Solo tú eres mi rey y mi Dios. ¡Decreta las victorias de Jacob!
>
> *Sal 44.1–4*

Pero en medio del salmo, el pueblo abre su corazón a Dios:

> Pero ahora nos has rechazado y humillado; ya no sales con nuestros ejércitos. Nos hiciste retroceder ante el enemigo; nos han saqueado nuestros adversarios. Cual si fuéramos ovejas nos has entregado para que nos devoren, nos has dispersado entre las naciones.
>
> *Sal 44.9–11*

En el capítulo 7 hablaremos con más detalle sobre este tipo de oración, y si está bien cuestionar a Dios o no. Pero, por ahora, podemos ver lo diferente que puede ser la respuesta del pueblo de Dios cuando el desastre o la calamidad golpean su comunidad. No se sentían obligados a agradecer ni a celebrar. No, la respuesta de los israelitas no

---

[3] Hermann Gunkel y Joachim Begrich, *Introduction to the Psalms: The Genres of the Religious Lyric of Israel,* trad. James D. Nogalski (Macon, GA: Mercer University Press, 1998), 13: 'Además de los festivales alegres en los que se gozaban en comunidad, estaban los días de lamentación. Cuando fallaba la cosecha, cuando había plagas, y cuando el peligro del enemigo afligía al pueblo, se observaba un día de lamentación. En tales oportunidades todo el pueblo se reunía en el santuario, todos rasgaban su ropa, ayunaban, se lamentaban y tocaban la trompeta'.

se limitaba a eso. El pueblo de Dios sabía cómo expresar su lamento. Incluso tenían rituales para acompañar el lamento. Si en el culto de acción de gracias tenían la ofrenda del *todah*, en los momentos de lamentación se echaban ceniza en la cabeza, vestían ropa de arpillera, ayunaban, lloraban e incluso se arrancaban el cabello (ver Esdras 9.3). Cuando una persona estaba enferma o muy afligida, recitaba un salmo de lamentación. Llamamos a este tipo de salmo, 'salmo individual de lamentación', y hay muchos. En realidad, en el libro de los Salmos hay más salmos de lamentación que de gratitud. El problema con nuestras respuestas actuales es que ni siquiera sabemos cómo lamentarnos; menos aún, tener rituales que acompañen la expresión de aflicción. Como veremos en el próximo capítulo, no sabemos cómo lamentarnos.

Más de una respuesta

Los creyentes de antes respondían de una manera que se correspondía con los extremos de desorientación y de nueva orientación de la vida, del sufrimiento y la celebración. Entre medio, cuando la vida es normal (es decir, en la estación de orientación), también respondían en la forma correspondiente. Tenían sus propias canciones y declaraciones, que reconocían que la vida era 'normal' porque era Dios quien estaba en acción. La estación de orientación puede parecer monótona para algunos. Por ejemplo, muchos pensamos que ir de un lugar a otro y llegar a salvo a nuestro destino es porque así son las cosas, sencillamente. '¿Por qué dar gracias a Dios? Algunos diríamos 'Eso es lo normal'. Pero para los creyentes de la antigüedad, las situaciones 'normales' también eran oportunidades para declarar quién es Dios. Un ejemplo de salmo de orientación es el Salmo 104:

> Señor mi Dios, tú eres grandioso… Tú pusiste la tierra sobre sus cimientos, y de allí jamás se moverá… Tú haces que los manantiales viertan sus aguas en las cañadas, que fluyan entre las montañas. De ellas beben todas las bestias del campo; allí los asnos monteses calman su sed. Las aves del cielo anidan junto a las aguas y cantan entre el follaje. Desde tus altos aposentos riegas las montañas; la tierra se sacia con el fruto de tu trabajo.

> Haces que crezca la hierba para el ganado, y las plantas que la gente cultiva para sacar de la tierra su alimento... Tú hiciste la luna, que marca las estaciones, y el sol, que sabe cuándo ocultarse. Tú traes la oscuridad, y cae la noche, y en sus sombras se arrastran los animales del bosque... Pero al salir el sol se escabullen... Sale entonces la gente a cumplir sus tareas, a hacer su trabajo hasta el anochecer. ¡Oh Señor, cuán numerosas son tus obras! ¡Todas ellas las hiciste con sabiduría! ¡Rebosa la tierra con todas tus criaturas!

Así, vemos que a medida que los israelitas pasaban por diferentes estaciones en la vida, también tenían diferentes conjuntos de respuestas. Una nueva orientación llevaba a la celebración y a la acción de gracias. La desorientación causaba lamentos y llantos. En ambos casos, explica Walter Brueggemann, 'Tienen expresiones límite para sus experiencias límite'[4]. Experiencias límite son aquellas que nos llevan a un límite, a los extremos. El límite puede implicar experiencias positivas como la sanidad, una resolución o una oración respondida. O puede implicar experiencias negativas como la pérdida o la muerte. En ambas situaciones, vemos que el pueblo de Dios tenía 'expresiones límite', no una sola 'expresión límite' (singular). Celebraban cuando había una nueva orientación; se lamentaban en la desorientación. Y en algún punto intermedio, reconocían la presencia de Dios en la estación de la orientación.

Está bien estar triste

La principal diferencia con nosotros actualmente es que solo tenemos una respuesta para las estaciones de la vida. Es la respuesta positiva. En realidad, no sabemos cómo expresar nuestra tristeza. No tenemos lugar para nuestras experiencias negativas en la iglesia. Tendemos a pensar que debemos usar la misma máscara para todas las ocasiones. Tememos que, si respondiéramos de manera negativa, nos alejaríamos de Dios. Pero está bien que nuestras reacciones respondan a los cambios

---

4   Walter Brueggemann, *The Psalms and the Life of Faith* (Mineápolis, MN: Fortress Press, 1985), 27.

como las estaciones de la vida. Porque sabemos que hay alguien que permanece constante durante esas estaciones cambiantes. Es aquel a quien podemos ir no solamente en momentos de agradecimiento y estabilidad, sino también en momentos de lamentación.

Es importante destacar esta verdad: nuestras estaciones cambian, lo mismo que nuestras respuestas, pero Dios sigue siendo nuestro Dios. Es nuestro Dios no solamente cuando estamos bien, sino también cuando no lo estamos. No debemos temer que nuestra respuesta no glorifique a Dios. En una estación de desorientación, está bien estar triste.

Cuando golpea la tristeza

En los momentos de tristeza, David no se avergonzó de confesar: 'La vida se me va en angustias, y los años en lamentos' (Salmo 31.10a). En medio de su tristeza, David clamó: '¿Hasta cuándo he de estar angustiado y he de sufrir cada día en mi corazón?' (Salmo 13.2a). Recuerdo haber experimentado una tristeza profunda similar cuando estaba lejos de casa, viviendo en el extranjero.

El salmista también experimenta momentos de soledad: 'No logro conciliar el sueño;

parezco ave solitaria sobre el tejado' (Salmo 102.7). Piensa por un momento en esa figura. ¿Alguna vez te viste como esa ave? Las personas mayores seguramente pueden identificarse con esa imagen. Los sociólogos dicen que el número de ancianos continuará creciendo porque crece de la expectativa de vida. Sin embargo, lamentablemente 'los ancianos ya no tienen un lugar en la familia moderna'[5]. Mi esposa, Rosemarie, solía trabajar con gente mayor cuando estuvimos en el Reino Unido. Un día, una de las residentes se le acercó, la miró a los ojos con toda la seriedad del mundo y le dijo: 'Solo tengo un consejo para ti. Dos palabras: No envejezcas'. Mi esposa le respondió con una broma, pero percibió en ella la soledad y el temor. 'Es muy triste —me dijo mi esposa—, cuando los veo solos y deprimidos todo el día. Algunos ni siquiera quieren salir de su habitación'.

---

[5] Peter L. Berger y Brigitte Berger, *Sociology: A Biographical Approach* (Nueva York: Penguin Books, 1972), 102–103.

Rosemarie observó que la depresión en los ancianos solía alcanzar el pico durante la época de Navidad, especialmente entre quienes no recibían la visita de sus familiares.

Si eres una persona anciana (o una persona joven que se siente vieja) y te sientes así, hay alguien con quien te puedes identificar en su soledad y en su tristeza. Tómate a pecho la oración del Salmo 71.9: 'No me rechaces cuando llegue a viejo; no me abandones cuando me falten las fuerzas'.

El Hijo de Dios estuvo triste

Jesús sabía lo que era estar lleno de alegría:

> En aquel momento Jesús, lleno de alegría por el Espíritu Santo, dijo: 'Te alabo, Padre, Señor del cielo y de la tierra, porque habiendo escondido estas cosas de los sabios e instruidos, se las has revelado a los que son como niños. Sí, Padre, porque esa fue tu buena voluntad'.
>
> *Lc 10.21*

Pero, aunque Jesús se identificaba con la estación de nueva orientación, también tuvo momentos en que se sintió triste[6]. Podemos decir que conoció la tristeza que experimenta la persona más triste del mundo. Sabía profundamente lo que era estar afligido:

> Se llevó a Pedro y a los dos hijos de Zebedeo, y comenzó a sentirse triste y angustiado.
>
> *Mt 26.37*

Eso ocurrió en el huerto de Getsemaní, donde Jesús confesó a sus discípulos: 'Es tal la angustia que me invade, que me siento morir —les dijo—. Quédense aquí y manténganse despiertos conmigo' (versículo 38). Pero Lucas nos dice que antes de eso, mientras Jesús anticipaba la experiencia del Getsemaní y de la cruz, ya estaba angustiado: 'Pero

---

6 Para un debate sobre la vida emocional de Jesús, ver Peter Scazzero, *The Emotionally Healthy Church: A Strategy for Discipleship that Actually Changes Lives* (Grand Rapids, MI: Zondervan, 2003), 32–33, 75–76; ver también, Richard Vincent, "The Emotional Life of Jesus", http://www.theocentric.com/theology/christology/emotional_life_of_jesus.html, entrada de marzo de 2011.

tengo que pasar por la prueba de un bautismo, y ¡cuánta angustia siento hasta que se cumpla!' (Lc 12.50).

Los psicólogos dicen que las personas saludables tienen una amplia gama de emociones. Tienen la habilidad para experimentar gozo, tristeza, enojo, rabia, angustia o temor. *Pero no se quedan estancados en una sola emoción.* Si miramos a Jesús, veremos a alguien cuyas emociones son tan amplias como la vida misma. Jesús

- derramó lágrimas (Lc 19.41)
- estuvo lleno de alegría (Lc 10.21)
- se angustió (Mr 14.34)
- estuvo enojado (Mr 3.5)
- se sintió frustrado (Mt 17.17; Mr 8.21)
- lo invadió la tristeza (Mt 26.37)
- sintió compasión (Lc 7.13)
- se asombró (Mr 6.6; Lc 7.9)
- sufrió (Lc 12.50, NTV – aflicción ante la perspectiva del Getsemaní y la cruz)

Jesús mismo pasó por las tres estaciones que hemos analizado y respondió no de una sola manera, sino de muchas. ¿Cómo es tu caso?

Tres estaciones en la vida

A esta altura puede ser útil revisar las tres estaciones en la vida que hemos mencionado antes. En realidad, hay un salmo en el que están presentes todas las estaciones, el Salmo 30 (RVR1995)[7].

Orientación (6–7a)

> En mi prosperidad dije yo:
> «No seré jamás conmovido»,
> porque tú, Jehová, con tu favor
> me afirmaste como a monte fuerte.

---

7 Walter Brueggemann observó las tres estaciones en su libro *The Message of the Psalms*, 24, 50, 122.

Desorientación (7b–10)

> Escondiste tu rostro,
>> fui turbado.
> A ti, Jehová, clamaré;
>> al Señor suplicaré.
> ¿Qué provecho hay en mi muerte
>> cuando descienda a la sepultura?
> ¿Te alabará el polvo?
>> ¿Anunciará tu verdad?
> Oye, Jehová, y ten misericordia de mí;
>> Jehová, ¡sé tú mi ayudador!

Nueva orientación (11)

> Has cambiado mi lamento en baile;
>> me quitaste la ropa áspera y me vestiste de alegría.

Observa las diferentes experiencias en cada una de estas estaciones, y las respuestas distintas. En la estación de orientación hay una cierta sensación de estabilidad gracias a la bondad del Señor. Esto se desbarata rápidamente por la experiencia de desorientación en el versículo 7b. Observa que el cambio de orientación a desorientación se da en apenas medio versículo. Ahora el salmista clama al Señor al sentirse cerca de la muerte. Pero luego viene el gozo que trae la estación de la nueva orientación. Observa estas tres estaciones, haz una pausa y pregúntate: '¿En qué estación estoy ahora?' ¿En la estación de orientación, desorientación o nueva orientación?

Si en este momento estás en una estación de desorientación, quiero alentarte. Si te sientes triste, está bien permitirte estar triste. Algunos tendemos a correr hacia estar bien cuando sufrimos, a negar lo que realmente sentimos o atravesamos. Cuando pasamos por las diferentes estaciones en la vida, es importante estar presentes donde estamos para que podamos recibir cualquier don que nos traiga esa experiencia.

Recuerdo haber hablado de las tres estaciones de la vida a un grupo de jóvenes empresarios. Uno de ellos me preguntó: '¿Qué debo hacer cuando estoy en una estación de nueva orientación, si corro el riesgo de experimentar otra vez la desorientación en cualquier momento?'. Incluso pasando por la estación de nueva orientación este joven no podía disfrutarla; anticipaba un cambio de estación y por eso no podía estar presente en su actual experiencia. Es lo mismo con las personas que pasan por la desorientación; no quieren estar en esa estación porque es desagradable, solitaria y triste. Pero la tristeza trae su propio don.

La tristeza vuelve más compasivo nuestro corazón y más amable con otros que sufren. Si nunca hemos experimentado lo que es estar triste y solo, ¿cómo comprenderemos qué sienten los ancianos? ¿Cómo nos identificaremos con la tristeza de los niños de la calle, que en el frío de la noche y bajo el calor del día anhelan que alguien se interese por ellos? ¿Cómo podremos ser partícipes de la experiencia de quienes han pasado por diversas dificultares matrimoniales? ¿Cómo sabremos lo que significa estar enfermo durante diez años sin que nadie lo visite?

Cuando estamos presentes en nuestra desorientación, nuestra experiencia de nueva orientación adquiere significado. La experiencia del gozo está directamente relacionada con la experiencia de la soledad y la tristeza. Porque, como lo expresa bellamente el autor libanés Kahlil Gibran[8]:

> Llamáis alegría a vuestra misma tristeza, cuando se os presenta sin máscara.
>
> Y el mismo pozo de donde brota vuestra risa ha desbordado a menudo con vuestras lágrimas.
>
> Y ¿cómo podría ser de otra manera?
>
> Cuanto más hondo taladre el dolor en vuestro ser, tanto mayor es el gozo que os hacéis capaces de alcanzar.
>
> ¿No es la copa que llenáis con vuestro vino la misma que ardió en el horno del alfarero?
>
> Y ¿no es el laúd que anima vuestro espíritu la misma madera que crujió bajo vuestro cuchillo?
>
> Cuando estéis gozosos mirad a lo profundo de vuestro corazón, y veréis que sólo aquello que os procuró tristeza es lo que os proporciona gozo.

---

8 Kahlil Gibran, *The Prophet* (Londres: Heinemann, 1926), 36–37. Traducción al español de Fernando Argüelles Vargas, *El profeta* (Antioquia: Editorial Otraparte, 2020), 35–36.

Y cuando la pena os oprima, mirad de nuevo a vuestro corazón y veréis que, en realidad, lloráis por aquello que hizo vuestra dicha.

*

Muchos de entre vosotros dicen: «La alegría es superior a la tristeza»; y otros dicen: «No, es superior la tristeza».

Empero, yo os digo, son inseparables.

Llegan siempre juntas, y si una sola os acompaña a vuestra mesa, recordad que la otra dormita en vuestro lecho.

*

En verdad, estáis suspendidos, como los platillos de una balanza, entre vuestra tristeza y vuestro gozo.

Y sólo cuando están vacíos estáis en paz y equilibrados.

Pero cuando el Guardián del Tesoro os eleva para pesar su oro o su plata, se inclinan con vuestro dolor o vuestro gozo.

Encuentro con un salmo

- En este capítulo hemos aprendido sobre las tres estaciones en la vida: orientación, desorientación y nueva orientación. ¿En qué estación estás ahora? ¿Qué aspecto de tu situación te lleva a decir que estás en esa estación particular?

- ¿Es verdad que los cristianos de hoy en día tienden a tener una única respuesta a todas las situaciones, negativas o positivas?

- Tu iglesia o tu comunidad ¿dan lugar a expresar el dolor y la tristeza? ¿Tienen oportunidades para lamentarse como congregación, y no solamente en las reuniones de oración o en los grupos pequeños? ¿Crees que es necesario que la iglesia aprenda a expresar el lamento?

- ¿Cómo se pasa de la desorientación a la nueva orientación? ¿Cómo pueden ayudarnos los salmos de lamentación en ese paso?

- Reflexiona en los sermones que has predicado durante los últimos seis meses. ¿Cuántos de ellos trataron sobre la estación de desorientación?

- ¿Qué puedes aprender de la discusión sobre las diferentes estaciones en la vida cuando se trata de planificar un sermón?

- ¿Puedes identificar dos salmos para cada una de las tres estaciones en la vida (por ej.: orientación, Salmo 103; desorientación, Salmo 22; nueva orientación, Salmo 116)?

Capítulo 4

Está bien llorar

En una oportunidad asistí al funeral del expresidente de una de las denominaciones más grandes de Filipinas. El título del servicio era revelador: 'Celebramos la vida del reverendo Juan García' (no es su nombre verdadero). El título daba a entender que estábamos allí no para lamentarnos, sino para dar gracias al Señor por la vida de ese hombre de Dios. De hecho, era muy evidente la ausencia de lamentos o llantos. Yo estaba sentado en la segunda hilera de bancos de la iglesia y, si me volteaba, veía que no había una sola persona sollozando. El sermón fue el típico mensaje para funerales que pone el foco en la confianza que tenemos en Dios, la seguridad de que nuestro hermano ahora estaba con el Señor y que, al final, Dios lo resucitaría. ¿Por qué, entonces, llorar? Incluso las palabras finales de la esposa del presidente fueron todas positivas. Alababa y daba gracias a Dios.

El lamento: antes y ahora

En realidad, los filipinos no somos así. Es una práctica común entre los filipinos llorar por los muertos. Generalmente, se llora y se gime mucho en los funerales. Recuerdo cuando murió mi abuelo, que fue alcalde de nuestra ciudad en Pangasinan. En ese momento, yo tenía apenas seis años. El día que falleció había estado visitándonos en casa, en Dagupan. Esa mañana había venido porque estaba en la ciudad para un control. Yo tuve que separarme de él para ir a la escuela. Cuando volví a casa más tarde, mi *lolo* ya estaba en la morgue. Quedé conmocionado. Fue mi primera experiencia de la muerte de alguien cercano.

El día del entierro caminamos desde la casa de mi *lolo* al cementerio, una caminata larga. Durante esa procesión íbamos llorando, incluso gimiendo. Yo caminaba detrás del vehículo que llevaba su cuerpo y me sujetaba de la parte trasera del coche y también iba llorando. La música que se pasaba también sumaba al ánimo sombrío. En el cementerio, la misma escena se intensificó aún más. Mientras el ataúd del *lolo* descendía a la tierra, algunas personas se derrumbaban por la angustia.

Hoy se ha perdido esa costumbre de llorar a los muertos e, incluso, se la considera inapropiada en algunas tradiciones cristianas[1]. Esto es particularmente cierto si el fallecido era un creyente, más todavía si era pastor o líder destacado. Sentimos que no hay necesidad de llorar. Razonamos que ahora está con el Señor y, por lo tanto, en un estado más bendito. ¿Por qué entonces lamentarnos? ¡He llegado a ver un pastor reprendiendo a una integrante de su iglesia durante un funeral por llorar la muerte de su esposo! Otro miembro de esa iglesia me dijo que, efectivamente, ya no usan la expresión 'Mis condolencias'.

Cuando estamos con seres queridos que no son creyentes, queremos mostrarles que estamos bien *porque somos cristianos*. En estos tiempos es común ver cristianos que aprovechan los servicios fúnebres como una oportunidad para evangelizar y dar testimonio. El foco no está puesto en el duelo, si es que lo hay. En cierta oportunidad oficié un servicio fúnebre en el que la hermana de la persona fallecida, sencillamente, no pudo contenerse cuando el ataúd estaba por ser depositado en la tumba. Comenzó a gemir y a llorar. Una semana después de ese servicio, aquella creyente me dijo 'Me alegro de que no hayan grabado el funeral, no quería que nadie viera cómo lloré allí'.

Jesús lloró

¿Por qué nos avergüenza llorar? ¿Por qué nos avergüenza llorar cuando nuestro Señor mismo no se preocupó de que la gente lo viera o lo oyera

---

[1] En el último siglo ha habido un descenso en la práctica de hacer duelo por los muertos en muchas sociedades del mundo, no solamente entre los cristianos. Ver James Wilce, *Crying Shame: Metaculture, Modernity, and the Exaggerated Death of Lament* (Oxford: Wiley- Blackwell, 2009).

llorar por la muerte de su amigo Lázaro? La Biblia nos dice que 'Jesús lloró'. Hay algo en esas dos palabras —en ese versículo— que nos llama la atención. Juan 11.35 es el versículo más breve de la Biblia. Quizás, el que puso los números a los versículos de la Biblia sabía que tenía que detenerse cuando leyó esas dos palabras. A lo mejor, sintió algo. Esa pudo haber sido la razón por la que aisló las dos palabras 'Jesús lloró'. Puede ser que se sintiera tan conmovido por la historia que abandonó lo que estaba haciendo y también comenzó a llorar. Esto es como la reacción del famoso reportero gráfico Adrees Latif cuando vio cómo el tsunami asiático de 2011 había arrasado toda una ciudad en Japón: 'He visto desastres similares: cubrí el tsunami en Tailandia (océano Índico 2004), pero jamás he visto algo así en mi vida', dijo Latif. 'Por un momento, dejé de tomar fotografías para mirar la ciudad y simplemente me quedé allí; no podía creerlo'[2].

Incluso en el Antiguo Testamento, a Dios se lo presenta como alguien que sufre (ver Os 11.8 y Nm 14.11). El teólogo japonés Kazoh Kitamori habla del 'sufrimiento de Dios' en el Antiguo Testamento. 'El nudo del evangelio', escribe Kitamori, 'se me reveló como el sufrimiento de Dios'[3]. Creo que ese es el motivo por el que al profeta Jeremías no le preocupaba derramar lágrimas. Es porque conocía el sufrimiento de Dios. Solo quienes saben cómo llorar pueden entender el corazón de Dios.

Si es así, ¿por qué, entonces, la ausencia de lamento en nuestras iglesias hoy?

Por qué no lloramos

Creo que el principal motivo proviene de la manera en que entendemos ciertos pasajes del Nuevo Testamento. Estos pasajes, tomados en sí

---

[2] 'My Paper', un periódico de Singapore Holdings Publication, 15 de marzo de 2011, p. A11.

[3] Kazoh Kitamori, *Theology of the Pain of God* (Richmond, va: John Knox Press, 1965), 19. El sufrimiento de Dios proviene de su deseo de amar lo indigno, a la vez que castigar al culpable. Esto genera una lucha en Dios; le produce un sufrimiento. Un pasaje en Oseas 11.8 dice: 'Oh, Israel, ¿cómo podría abandonarte? ¿Cómo podría dejarte ir? ¿Cómo podría destruirte como a Adma o demolerte como a Zeboim? Mi corazón está desgarrado dentro de mí y mi compasión se desborda' (ntv).

mismos como generalizaciones, pueden dar a entender que ya no hay necesidad de lamentos. Entre ellos se destacan los pasajes que enseñan que Dios tiene el control y que es bueno todo el tiempo. Si Dios tiene el control y es bueno, entonces, ¿por qué llorar cuando uno experimenta una calamidad, un accidente o aun la pérdida de un ser querido? Hemos leído que el sufrimiento nos fortalece (Santiago 1.2–4) y que Dios obra para que todo sea para nuestro bien (Romanos 8.28). Como explica un autor de devocionales, 'Cualesquiera sean tus circunstancias, por difíciles que sean, la verdad es que son ordenadas por Dios para ti como parte del plan amplio para tu vida. Dios no hace nada ni permite nada sin un propósito. Y sus propósitos, por misteriosos o inescrutables que puedan ser para nosotros, siempre son para su gloria y nuestro bien'[4]. Por lo tanto, en lugar de llorar, se supone que los cristianos deben dar gracias a Dios (1 Ts 5.18).

Lo segundo es la enseñanza: 'Alégrense siempre en el Señor. Insisto: ¡Alégrense!' (Fil 4.4). ¿Por qué, entonces, habríamos de lamentarnos? Alguien incluso dijo que si no nos regocijamos, en realidad, estamos pecando. 'Alegrarse es un mandamiento. La falta de alegría es un pecado'[5]. Además, también encontramos pasajes que nos dicen que si sufrimos persecución debemos alegrarnos. ¿Acaso Jesús no nos lo dijo? 'Dichosos serán ustedes cuando por mi causa la gente los insulte, los persiga y levante contra ustedes toda clase de calumnias. Alégrense y llénense de júbilo, porque les espera una gran recompensa en el cielo. Así también persiguieron a los profetas que los precedieron a ustedes' (Mt 5.11–12). Es justamente lo que hicieron Pablo y Silas en Hch 16.25: 'A eso de la medianoche, Pablo y Silas se pusieron a orar y a cantar himnos a Dios, y los otros presos los escuchaban'. Mientras estaban en prisión, entonaban canciones.

Pero tengo algunas preguntas:

- La verdad de que Dios tiene el control y que obra todas las cosas para el bien de aquellos a quienes ha llamado y lo aman, ¿significa realmente que ya no debemos lamentarnos?

---

[4] Jerry Bridges, *Respectable Sins: Confronting the Sins We Tolerate* (Colorado Springs, CO: NavPress, 2007), 74.

[5] John Ortberg, *Life to the Max: Daring to Love, Laugh and Loosen Up* (Manila: OMF Literature, Inc., 2007 [orig. Zondervan como *Living the God Life*, 2004]), 83.

- Llorar la pérdida de nuestros seres queridos ¿es una señal de fe débil?
- El mandamiento 'Alégrense siempre en el Señor', ¿acaso significa que ya no debe haber lamento?
- Cuando las personas se ven perseguidas por su fe, ¿está mal que lloren?
- Cuando sus seres queridos son martirizados, ¿es señal de poca fe que los cristianos lloren por ellos?

Intentaré responder esas preguntas. Pero quiero ser claro: estoy de acuerdo con que el gozo ocupa un lugar central en la vida de fe; es una cualidad importante de un cristiano que crece. Es el fruto del Espíritu Santo (Gá 5.22–23). Como hemos visto antes, la enseñanza cristiana tradicional sobre el gozo y la confianza en Dios en cualquier situación tiene base en las Escrituras. Jesús vino para que tengamos vida y la tengamos en abundancia (Juan 10.10), y es su deseo que nuestro gozo sea completo (Jn 15.11). La instrucción de Pablo de alegrarnos en el Señor lo confirma (Fil 4.4).

Pero también vemos en el Nuevo Testamento que el mismo apóstol Pablo que nos instruye a alegrarnos en el Señor nos alienta a llorar 'con los que lloran', además de alegrarnos 'con los que están alegres' (Ro 12.15). Nos exhorta a ayudarnos 'unos a otros a llevar nuestras cargas' (Gá 6.2) y dice 'anímense… unos a los otros' (1 Ts 5.11). Esto significa que, aunque Pablo manda a los cristianos a estar siempre alegres, también comprende que habrá momentos cuando tendrán que llorar. Si se nos instruye a llorar con quienes lloran, ¿cuánto más en nuestras propias pérdidas, como la muerte de nuestros seres queridos? Hasta Jesús lloró por la muerte de su amigo Lázaro (Jn 11).

Creo que el problema comienza cuando tomamos un mandato dado en un contexto particular y lo aplicamos a todas las situaciones de nuestra vida. Esto ocurre cuando una palabra dada en una estación de orientación o nueva orientación se aplica también a las estaciones de desorientación (ver capítulo 3). En realidad, en los Salmos encontramos un equivalente de Filipenses 4.4 ('Alégrense siempre en el Señor'). David declara en el Salmo 34.1: 'Bendeciré al Señor *en todo tiempo*'. Pero en el salmo siguiente (Sal 35), David ya está llorando: 'Pues cuando ellos enfermaban yo me vestía de luto, *me afligía* y ayunaba. ¡Ay, si pudiera retractarme de mis oraciones! Me vestía yo de luto, como por un amigo o un hermano. Afligido, inclinaba la cabeza, como si *llorara* por mi madre' (Sal 35.13–14, énfasis agregado).

Creo que otro problema es cuando vamos al extremo de pensar que no es posible alegrarse cuando hay duelo. Pero recuerda que, aunque Jesús dijo 'Alégrense cuando la gente los persiga', no dijo: 'No giman ni lloren cuando la gente los persiga'. En realidad, como veremos más tarde, Jesús les dijo a sus propios discípulos que llorarían. Y, de paso, cuando Jesús habla de vida abundante (por ejemplo, en Juan 10.10), podemos interpretarlo como una vida que manifiesta una amplia gama de emociones humanas. La vida emocional de Jesús es un ejemplo de eso (ver capítulo 3).

Está bien llorar por la pérdida de un ser querido

Está bien llorar por la pérdida de un ser querido. Cuando lloramos o nos lamentamos por un ser querido, no significa que nuestra fe sea débil. Si la persona amada que falleció era creyente, nuestro lamento no significa que dudemos del destino de su alma. Lloramos porque echamos de menos a nuestro querido hermano o hermana. Lloramos porque sabemos que no lo volveremos a ver por un tiempo. El psicólogo Bruce Narramore dijo que solo gracias a sus años como consejero pudo comprender el significado de la frase 'Dichosos los que lloran'. Comprendió que él llora con los que lloran porque los ama. La otra cara del dolor es el amor[6].

Muchas personas que han perdido a su cónyuge dicen sentirse paralizadas. Esta experiencia es parte del duelo, y quien lo dice está siendo sincero sobre lo que realmente siente. Es natural, y permitirse ser natural puede ser lo que necesita en ese momento. Me gustó lo que dijo un sacerdote cuando falleció nuestra expresidenta Cory Aquino: 'Señor, creemos que Cory ya está contigo, que ahora está contenta. Pero, para ser sinceros, estamos tristes, nos sentimos huérfanos'. En la

---

6 Bruce Narramore, "Helping People Grow from the Inside Out", una conferencia presentada en Manila, 2011.

obra *El rey Lear*, el duque de Albania presencia el llanto del rey ante la muerte de su hija y dice:

'El peso de este triste momento debemos obedecer,
  hablar lo que sentimos, no lo que debemos decir'[7].

Al comienzo de este capítulo, mencioné el servicio fúnebre del presidente de una denominación y las palabras positivas de su esposa. Pero mientras ella expresaba su acción de gracias y su alabanza a Dios por la vida de su esposo, yo vi sus lágrimas. De alguna manera, el sufrimiento y el dolor que ella experimentaba se abrieron paso a través de sus lágrimas. Me alegro de que fuera así.

El duelo es parte del proceso de restauración

El duelo es lo más importante que hacemos para experimentar la sanidad de las emociones heridas. Sin el duelo o el lamento adecuado por nuestro sufrimiento, no habrá restauración. Es por eso que encontramos mucho llanto y lamento en la Biblia. Hasta el aguerrido y varonil David lloró, ¡y mucho, además!

- Salmos 3.4 'A gritos pido ayuda al Señor y él me contesta desde su monte santo' (DHH).

  Generalmente vemos llorar o suplicar a las mujeres. Pero que un hombre llore a la vista de todos, es muy impactante. Aquí encontramos a David haciendo justamente eso. En las siguientes plegarias también lo vemos gemir, clamar o llorar.
- Salmo 5.2: 'SEÑOR, Rey mío y Dios mío, escucha mis palabras, atiende a mis gemidos, oye mis súplicas, pues a ti elevo mi oración' (DHH).
- Salmo 17.1: 'Señor, oye mi justo ruego; escucha mi clamor'.
- Salmo 22.2: 'Dios mío, clamo de día y no me respondes; clamo de noche y no hallo reposo'.

'Los hombres no lloran', se dice siempre. A lo mejor, es por eso que mueren más hombres que mujeres de ataques al corazón. Incluso

---

7 *El rey Lear*, acto 5, escena 3, líneas 305–307; citado en: Samuel E. Balentine, *Prayer in the Hebrew Bible* (Mineápolis, MN: Fortress Press, 1993), 146.

después de la muerte de un ser querido, el hombre (especialmente si es el mayor de la familia) no llora. Hace todo lo posible por mantener la 'compostura'. Siente que él debe animar al resto de la familia. Por lo tanto, se guarda las lágrimas.

David no se guarda las lágrimas, las deja correr. Más que eso, se lamenta ante Dios. Eso es muy importante. Muchas personas que lloran creen que lo hacen en soledad, sin que nadie las atienda. David llora, clama, pero sabe que no está solo. Sabe que el Señor está escuchándolo. Y a él se dirige: 'Clamo al Dios Altísimo' (Salmo 57.2).

Cuando David abre su corazón al Señor, algo ocurre en su interior que le permite ver el problema frontalmente, y reunir el coraje para enfrentar la situación. Se le aclara la visión a medida que sus ojos se lavan con lágrimas.

En una oportunidad, alguien le preguntó al anterior pastor principal de mi iglesia: '¿Por qué siempre tiene el rostro tan radiante?' Su respuesta fue: '*Dahil ibinabad sa luha*' [Porque ha estado sumergido en lágrimas]. En el Salmo 57.4 David pudo captar lo que sentía sobre su situación:

> Me encuentro en medio de leones,
>> rodeado de gente rapaz.
> Sus dientes son lanzas y flechas;
>> su lengua, una espada afilada.

David pudo nombrar su situación. Los psicólogos nos dicen que la capacidad de ponerle nombre a nuestra lucha es un paso importante hacia la restauración. El uso de imágenes como leones y bestias voraces ayudó a David a expresar lo que sentía en cuanto a sus circunstancias. Lo ayudó a establecer cierto control sobre su situación porque ahora tenía un 'nombre' para darle.

Todos hemos tenido experiencias que no queremos recordar. Quizás, porque son demasiado penosas. Pero un ejercicio útil es darle un nombre o una descripción a nuestro dolor. El siguiente poema es un ejemplo de cómo una persona pudo superar su experiencia dolorosa al describirla, y en el proceso, aceptarla[8].

---

[8] El poema es de Joe Kogel, citado en: James D. Whitehead y Evelyn Eaton Whitehead, *Shadows of the Heart: A Spirituality of the Negative Emotions* (Nueva York: Crossroads, 1994), 18. (Traducción libre al español).

Entonces no podría haber sabido
que aprendería a amar este recuerdo,
dejarlo correr suavemente entre mis dedos,
una piedra aterciopelada que hallé en una hermosa playa.
Guardo esta piedra como un dije.
El dije no es el dolor.
Pero cuando vuelvo a mi dolor,
me hago real.
Y cuando soy real, soy afortunado.
Soy afortunado de saber que era un error y una mentira.
Lo que llamábamos una familia feliz no lo era.
Yo… me escondía en habitaciones pequeñas. Hasta ahora.

El psicólogo James Whitehead explica: "La sanidad comienza 'cuando vuelvo a mi dolor'. Nombrar el dolor, 'lo que llamábamos una familia feliz no lo era', rescata su pasado del olvido. La simulación de una familia feliz y las distorsiones necesarias para proteger esa ilusión se caen. 'Me hago real'"[9].

Whitehead continúa: 'El lamento es la *tarea* del duelo. Si rechazamos la tarea del lamento, nuestro dolor nos consumirá. Pero al lamentar, comenzamos a convertir el dolor en sufrimiento, una tristeza que nos enriquecerá en lugar de paralizarnos'[10].

Cuando David abrió su corazón y confrontó su situación nombrándola, experimentó la restauración. En medio de todos sus problemas pudo exclamar:

Pero tú, oh Dios, estás sobre los cielos,
¡tu gloria cubre toda la tierra!

Sal 57.5, 11

El llanto marca el camino a la gloria

La experiencia de David de pasar de las lágrimas a la exaltación es una descripción en miniatura del movimiento general de la vida de

---

9 *Ibidem*, 19.
10 *Ibidem*, 26.

fe. También experimentaremos el gozo y la exaltación. Sin embargo, mientras tanto, podemos sacar fuerzas de lo que Jesús dijo a sus discípulos:

> Ciertamente les aseguro que ustedes llorarán de dolor, mientras que el mundo se alegrará. Se pondrán tristes, pero su tristeza se convertirá en alegría. La mujer que está por dar a luz siente dolores porque ha llegado su momento, pero en cuanto nace la criatura se olvida de su angustia por la alegría de haber traído al mundo un nuevo ser. Lo mismo les pasa a ustedes: Ahora están tristes, pero cuando vuelva a verlos se alegrarán, y nadie les va a quitar esa alegría.
>
> *Jn 16.20–22*

Las madres pueden identificarse fácilmente con estas palabras de Jesús. Saben lo doloroso que es el proceso de dar a luz. Pero la experiencia de acunar a su bebé después del doloroso parto las hace olvidar el dolor. Eso ilustra nuestra experiencia presente y futura. Nos gozaremos en el futuro, pero en el presente 'llorarán de dolor, mientras que el mundo se alegrará'.

En un mundo que constantemente rechaza el gobierno de Dios y su reino, el pueblo de Dios llorará inevitablemente. En una sociedad que sigue rechazando a su Creador, tendremos que lamentar. Y está bien. Jesús efectivamente llama 'dichosos' a los que lloran. 'Dichosos los que lloran, porque serán consolados' (Mt 5.4). Observemos: Son lo que lloran quienes serán consolados.

Pero ¿llorar por qué? Mateo 5.4 no dice por qué cosas lloran las personas, o cuál es el motivo de su lamento. Podemos inferir que aquí el lamento es el resultado del deseo de los creyentes de vivir con rectitud en medio de un mundo corrupto y malo. En su deseo de hacer lo correcto, los cristianos tendrán que luchar. Estarán de duelo, serán como 'extranjeros residentes'[11], siempre en contra de la corriente. Esa es la experiencia del salmista: 'Ríos de lágrimas brotan de mis ojos, porque tu ley no se obedece' (Salmo 119.136). También al apóstol

---

[11] Tomo prestada la frase 'extranjeros residentes' de William Willimon y Stanley Hauerwas, *Resident Aliens* (Nashville, TN: Abingdon Press, 1989).

Pablo lo supera el llanto cuando recuerda cuántas personas viven como enemigas del evangelio: 'Como les he dicho a menudo, y ahora lo repito hasta con lágrimas, muchos se comportan como enemigos de la cruz de Cristo' (Filipenses 3.18). Pablo, el llorón. Sí, el mismo hombre que nos ordena 'alegrarnos en el Señor siempre'. Sin embargo, aquí lo encontramos llorando.

¿Y qué de los cristianos perseguidos y de sus seres queridos martirizados? ¿Está bien llorar por ellos? Yo pienso que sí. La realidad es que, a pesar de que Jesús dice que nos alegremos cuando nos persiguen, hay ocasiones en la Biblia y en nuestra realidad actual en las que los cristianos perseguidos han llorado y han estado apenados. Una líder cristiana de Indonesia me dijo que cuando una creyente joven vio cómo golpeaban y perseguían a su amiga, sufrió una conmoción y dejó de asistir a la iglesia. Creo que su dolor fue demasiado grande y que en la iglesia no hubo lugar para el lamento; por lo tanto, se fue. Quienes han analizado las persecuciones en la actualidad dicen que incluso el creyente más maduro puede quedar traumatizado frente a la persecución[12]. Cuando vamos a la Biblia también vemos el lamento de quienes son perseguidos o enfrentan el martirio. El libro del Apocalipsis nos permite entrever la experiencia de gente que fue martirizada. Claman a Dios:

> Cuando el Cordero rompió el quinto sello, vi debajo del altar las almas de los que habían sufrido el martirio por causa de la palabra de Dios y por mantenerse fieles en su testimonio. Gritaban a gran voz: '¿Hasta cuándo, Soberano Señor, santo y veraz, seguirás sin juzgar a los habitantes de la tierra y sin vengar nuestra muerte?'.
>
> *Ap 6.9–10*

El clamor '¿hasta cuándo?' en Apocalipsis 6 recuerda el clamor similar en los salmos de lamentación, como el Salmo 13.1–2:

> ¿Hasta cuándo, Señor, me seguirás olvidando?
> ¿Hasta cuándo esconderás de mí tu rostro?

---

[12] Ver *Bad Urach Statement*, una consulta sobre "Developing an evangelical theology of suffering, persecution and martyrdom for the global church in mission", realizada en Alemania en septiembre de 2009.

> ¿Hasta cuándo he de estar angustiado
> y he de sufrir cada día en mi corazón?
> ¿Hasta cuándo el enemigo me seguirá dominando?

El pasaje en Apocalipsis nos dice que los creyentes perseguidos también expresaban su lamento. Los mártires del libro del Apocalipsis claman a Dios por justicia y reivindicación. Está bien. Saben que sufrieron por Cristo, han perdido su vida por él. Sin embargo, aquí los vemos clamando a Dios en un grito de lamento.

Ciertamente, servir al Señor y hacer su voluntad no es fácil; implica un gran sacrificio. Habrá momentos de lamentación. Lloraremos. El apóstol Pablo nos dice que servía al Señor con lágrimas: 'He servido al Señor con toda humildad y con lágrimas, a pesar de haber sido sometido a duras pruebas por las maquinaciones de los judíos' (Hechos 20.19, 31; comparar 2 Corintios 2.4). Las lágrimas aquí no significan explícitamente que Pablo se lamentara. Pero como apóstol y misionero, Pablo nos dice que él mismo ha pasado por mucho sufrimiento. Mientras escribe a la iglesia en Corinto: 'Hermanos, no queremos que desconozcan las aflicciones que sufrimos en la provincia de Asia. Estábamos tan agobiados bajo tanta presión que hasta perdimos la esperanza de salir con vida' (2 Co 1.8). Hasta 'perdieron la esperanza de salir con vida'. Además de todo eso, Pablo nos dice que su preocupación por las iglesias con frecuencia le generaba ansiedad (2 Co 11.28).

Por lo tanto, de diversas maneras y a menudo como resultado de nuestra lucha por servir al Señor en un mundo roto, lloraremos. Lloraremos por la pérdida de nuestros seres queridos. Lamentaremos la injusticia y el mal en nuestro mundo. Clamaremos por las persecuciones. Y está bien.

El movimiento general de la vida de fe es hacia el gozo y la paz, hacia la alegría y la celebración. Nuestra vida debe estar marcada por el gozo. Pero habrá momentos cuando nos hallaremos en el lado opuesto: llorando, angustiados, lamentando, gimiendo. Sin embargo, lo sorprendente es que nuestro Dios está con nosotros incluso en los lugares oscuros y solitarios. De la misma manera que el Espíritu nos ayuda en nuestra debilidad cuando no sabemos cómo orar, también está con nosotros en nuestras luchas, para que encontremos el camino al gozo y la paz. 'Así mismo, en nuestra debilidad el Espíritu acude a ayudarnos. No sabemos qué pedir, pero el Espíritu mismo intercede por nosotros con gemidos que no pueden expresarse con palabras' (Ro 8.26). Es asombroso que Romanos 8.26 nos dice que en nuestra debilidad 'el Espíritu intercede por nosotros con *gemidos*'. Dios está con nosotros en nuestro quebranto. Y el libro del Apocalipsis dice que un día, cuando venga el nuevo cielo y la nueva tierra, 'Él les enjugará toda lágrima de los ojos' (Ap 21.4a). El hecho de que Dios enjugará nuestras lágrimas indica que antes de ese gran día, el pueblo de Dios habrá de llorar… habrá de lamentar. Llorarán a pesar de que saben que Dios tiene el control. Si no tenemos lágrimas en los ojos, ¿qué nos enjugará Jesús cuando venga?

Seguiremos lamentando

Vivimos en un mundo roto. Como el resto de la humanidad, los cristianos somos vulnerables a las enfermedades, la violencia, las calamidades y el mal que hay en la sociedad. Cuando el tifón Ondoy inundó Manila, o cuando el tifón Yolanda (hawaiano) arrasó Tecloban, no fueron solamente los no creyentes los afectados. También los creyentes perdieron sus pertenencias y aun a sus seres queridos. No hay tal cosa como una inmunidad contra el dolor. La verdad de que Dios tiene el control no significa que ya no lamentaremos los sufrimientos que viviremos en un mundo estropeado. La verdad de que Dios tiene el control y obra para que todo sea para nuestro bien (Ro 8.28) no invalida la experiencia del llanto y la lamentación. No significa que todo será cómodo y fácil. Dios a menudo lleva a cabo sus planes por medio de situaciones desafiantes y difíciles, como podemos ver en la historia de José.

La historia de José

La historia de José en el libro de Génesis es una ilustración clásica de la verdad de Romanos 8.28. Dios reveló su plan para José en un sueño. Una noche soñó que las gavillas de sus hermanos se inclinaban frente a su gavilla. Cualquiera haya sido el significado de ese sueño, sabemos que Dios tenía un gran plan para ese joven.

Sabemos lo que ocurrió después: ¡todo lo contrario al sueño de José! Sus hermanos lo hubieran matado, si no hubiera sido porque su hermano Rubén lo protegió. Lo que los hermanos le hicieron a José fue peor que matarlo. Lo vendieron como esclavo y le dijeron a su padre que estaba muerto, que lo había matado un animal salvaje. Después, José se encontró esclavo en Egipto. Allí atravesó una de las situaciones más difíciles en su vida: ser un extranjero anónimo, sin derechos, sin futuro, sin valor. Sin embargo, Génesis 39 nos dice que, precisamente en el peor momento de su vida, 'el Señor estaba con José'. Esta frase aparece cuatro veces en el capítulo, dos cuando fue vendido como esclavo a Potifar (versículos 2–3) y dos cuando fue injustamente encarcelado por un acto que no cometió (versículos 21, 23). Eso fue cuando la esposa de Potifar lo acusó de intentar violarla, cuando en realidad había sido ella quien trató de aprovecharse del joven esclavo israelita.

Aquí hay un claro ejemplo de la verdad de Romanos 8.28: Dios cumplió su plan aun mediante las difíciles experiencias y sufrimientos de José. Años más tarde, José les diría a sus hermanos: 'Es verdad que ustedes pensaron hacerme mal, pero Dios transformó ese mal en bien para lograr lo que hoy estamos viendo: salvar la vida de mucha gente' (Gn 50.20). Así, como el final de un cuento de hadas, vemos a José levantarse de lo profundo del abismo para ser la mano derecha del faraón. Efectivamente, el faraón puso a José a cargo de todo Egipto.

Cuando leí la historia de José, especialmente Génesis 37 y 39, una de las preguntas que me hice fue: '¿José no se habrá sentido solo, enojado, o deprimido?'. No hay nada en esos capítulos sobre su reacción. Pero una lectura más atenta a los capítulos que siguen releva la profunda realidad del dolor y las heridas que José experimentó durante esos años en Egipto. Comenzamos a verlo cuando estaba en prisión, donde habían sido enviados también dos funcionarios del faraón. Ambos funcionarios tuvieron sueños que José pudo interpretar. Sabiendo que el jefe de los coperos sería restituido en su puesto, José le pidió: 'Yo le ruego que no se olvide de mí. Por favor, cuando todo se haya arreglado, háblele usted de mí al faraón para que me saque de esta cárcel' (Gn 40.14). José también confió al copero su experiencia: 'Porque fui hurtado de la tierra de los hebreos; y tampoco he hecho aquí por qué me pusiesen en la cárcel' (versículo 15, RVR1960). Eso no era lo que había ocurrido con José. No había sido 'hurtado'. Pero creo que su versión de la historia destaca el sentido de violencia que experimentó José como resultado de lo que realmente le habían hecho sus hermanos.

Lamentablemente, el jefe de los coperos se olvidó de José. Y durante dos años, José esperó ansiosamente. Sin duda también lloro: el hombre que él pensó que lo ayudaría a salir de la oscura prisión, se había olvidado de él. Hicieron falta otros dos años y un nuevo sueño, esta vez el del faraón, para que el copero se diera cuenta de su grave falla.

Más adelante, en Génesis 41, tenemos otro vistazo de la profunda pena que habrá sentido José durante esos primeros años en Egipto. Los nombres que dio a sus dos hijos (Efraín y Manasés) reflejan los sentimientos de José sobre todo lo que le había pasado. "Al primero lo llamó Manasés, porque dijo: 'Dios ha hecho que me olvide de *todos mis problemas*, y de mi casa paterna'. Al segundo lo llamó Efraín, porque dijo: 'Dios me ha hecho fecundo en esta tierra *donde he sufrido*'" (Gn 41.51–52, énfasis agregado). Observa los nombres de sus hijos, son el reflejo de su experiencia: 'todos mis problemas' y 'donde he sufrido'.

Luego, cuando José finalmente se reencontró con sus hermanos, era todo lágrimas. Intenté contar la cantidad de veces que José se echó a llorar. Lloró siete veces: en Génesis 42.24; 43.30; 45.2; 45.14; 46.29; 50.1 y 50.17. En verdad, podríamos decir que José parece el más sensible de los patriarcas. Las lágrimas son una expresión muy poderosa de lo que ocurre en nuestro corazón. El salmista dice: 'Mis lágrimas son mi pan de día y de noche' (Sal 42.3a). Las lágrimas de José pueden significar muchas cosas: pueden haber sido lágrimas de alegría porque volvió a ver a su familia. Pero también pudieron haber sido lágrimas de dolor y angustia a causa del rechazo y el abandono sufrido de parte de los más cercanos a él, y por todas las injusticias que había experimentado. José lloró desde el primer momento cuando vio a sus hermanos, especialmente, a su propio hermano Benjamín; cuando se reveló ante sus hermanos, recordándoles lo que realmente le habían hecho, dijo: 'Yo soy José, el hermano de ustedes, a quien vendieron a Egipto'. Porque a pesar de toda la nitidez y la claridad en el cumplimiento del plan de Dios para José, al parecer no todo estaba en orden. En realidad, la historia de José nos muestra que el cumplimiento del plan de Dios en nuestra vida no significa que todo va a estar bien. Habrá momentos realmente dolorosos, en los que, de hecho, habremos de llorar.

Recuerdo mi propio tiempo de lamentación. Fue durante el último año de mi doctorado en el Reino Unido. Tres años antes había ido allí con mi familia para comenzar mis estudios. En ese entonces estaba entusiasmado, dispuesto y ansioso por comenzar inmediatamente. Y eso fue lo que hice. Durante el primer mes de estudios escribí mi primer informe. Trabajé mucho durante esos tres años y, efectivamente, terminé al final del período. Pero recuerdo el día en que mis examinadores me informaron que había aprobado. Por fin había acabado la tarea. Sin embargo, sentí que yo también estaba 'acabado'. Todo el agotamiento, el esfuerzo, el trabajo y todas las adaptaciones que habíamos tenido que pasar como familia me estaban pasando factura. Al salir de la sala de examen ese día memorable, no quería ver a nadie. No quería que nadie me viera, tampoco. En realidad, me escabullí de la facultad sin que nadie lo notara. No sabía qué hacer ni a dónde ir. El programa de doctorado había sido mi vida durante los tres últimos años, y ahora había llegado a su fin. Yo había llegado a mi fin. Y en los meses siguientes luché para reunir los pedazos. Algunas mañanas me despertaba ansiando que el sol no hubiera salido. Me sentía como un 'guerrero desvalido' (Salmo 88.4).

Un domingo asistí al servicio vespertino de una iglesia anglicana. 'Tú eres el Dios eterno' eran algunas de las palabras del himno que cantaba la congregación esa noche. Todos se pusieron de pie para cantar 'Tú eres el Dios eterno, nunca te debilitas ni te cansas'. No pude contenerme. No pude seguir cantando. Antes de que me diera cuenta, me eché a llorar. Estaba diciéndole al Señor: 'Señor, tú nunca te cansas, pero yo estoy muy cansado'. Me quedé allí sentado, llorando. Es lo único que recuerdo de todo el servicio. Mientras lloraba, sentí y comprendí que Dios me decía: 'Está bien… está bien llorar'.

Hay momentos en los que Dios quiere, sencillamente, que lloremos. ¿Cuándo fue la última vez que lloró?

Algunas personas se prohíben a sí mismas llorar porque eso puede hacerlas vulnerables ante alguna cosa que temen. Sin embargo, lo que no comprenden es que está bien tener miedo, como veremos en el próximo capítulo.

Encuentro con un salmo

Lee el Salmo 57.

- David llora mucho en los Salmos, como vimos en este capítulo. ¿Cuándo fue la última vez que lloraste?
- ¿Crees que está bien que los cristianos lloren cuando experimentan una pérdida?
- ¿Cómo podemos crear espacios para lamentarnos en nuestras iglesias o comunidades? ¿Se te ocurre alguna actividad creativa que nos ayude a incorporar la práctica de llorar en nuestras iglesias?
- En el Salmo 57.2 y 6, David describe o 'nombra' su propia experiencia. A continuación, hay algunas imágenes y descripciones de sufrimientos en los Salmos. ¿Cuál describe mejor tu situación? Si ninguna de ellas describe tu estado ¿cómo lo harías? Escribe tu exposición personal en los espacios en blanco al final.
  - 'Me encuentro en medio de leones, rodeado de gente rapaz' (Salmo 57.4).
  - 'Tendieron una red en mi camino, y mi ánimo quedó por los suelos. En mi senda cavaron una fosa' (Sal 57.6).
  - '¡Cómo quisiera tener las alas de una paloma y volar hasta encontrar reposo!' (Sal 55.6).
  - 'Pero yo, gusano soy y no hombre; la gente se burla de mí, el pueblo me desprecia' (Sal 22.6).
  - 'Como agua he sido derramado; dislocados están todos mis huesos. Mi corazón se ha vuelto como cera, y se derrite en mis entrañas' (Sal 22.14)
  - 'Cansado estoy de sollozar; toda la noche inundo de lágrimas mi cama, ¡mi lecho empapo con mi llanto!' (Sal 6.6).
  - 'No logro conciliar el sueño; parezco ave solitaria sobre el tejado' (Sal 102.7).
  - ____
  ____

- Usando la imagen o la descripción que has elegido, preséntate al Señor en oración y ábrele tu corazón. Puedes poner tu oración por escrito.

- El Nuevo Testamento dice 'Alégrense siempre en el Señor. Insisto: ¡Alégrense!' (Filipenses 4.4). Sin embargo, la realidad de la vida (como lo confirma la Escritura misma, por ejemplo, en Romanos 12.15) nos dice que también habrá momentos en que lloraremos. ¿De qué manera puedes predicar sin promover unilateralmente el estar siempre alegres? ¿Cómo puedes dar lugar para el lamento en tu predicación?

- ¿Cómo puedes evitar un énfasis excesivo en lo negativo (como llorar)? ¿Cuándo sabes que es tiempo de seguir adelante?

Para un ejemplo de bosquejo de sermón sobre el Salmo 57, ver el Apéndice.

Está bien tener miedo

Estaba oscuro. Se habían apagado las luces para mostrar la película. Nuestra iglesia estaba tan llena de gente que apenas se podía caminar. Entre los asistentes, había un matrimonio del vecindario, el esposo era jefe de policía. La muestra de la película era parte de un proyecto más amplio de nuestro grupo de jóvenes, y yo, el joven e inexperto pastor de 20 años, estaba parado en la calle, fuera de la iglesia, tratando de asegurarme de que todo saliera bien. Era la primera vez que coordinaba y dirigía un evento como ese.

Repentinamente, oí una fuerte conmoción al interior de la iglesia. Antes de que yo pudiera entrar corriendo, nuestro policía invitado salía a la calle arrastrando a un integrante de mi grupo de jóvenes. El policía gritaba enfurecido y estaba a punto de abofetear al joven líder, cuando intervine.

—¿Por qué? ¿Qué pasa?

—¡Este, un maleducado! —gritó el policía, sujetando al joven por el cuello—. ¡Se aprovechó de mi esposa! ¡Le tocó las piernas!

—Lamento mucho lo ocurrido. Hablaré con él —le dije temblando—. Pero por favor, no lo lastime.

El policía soltó a mi amigo, pero para entonces todos habían salido de la iglesia y estaban en la calle. El emocionante suceso real había llamado su atención y su preocupación, al punto de que olvidaron la película.

No recuerdo cómo llegué a casa esa noche ni lo que hice después. Quizás no hice nada, porque estaba muy asustado. Yo había estado a cargo del evento, de manera que me consideraba responsable por lo ocurrido. Me sentía un fracasado. Pensamientos horribles se agolpaban en mi mente. *¿Qué dirían los líderes de la iglesia? ¿Qué pasaría si el policía regresaba?* No sabía qué hacer. No sabía cómo resolver el problema. Recuerdo que estaba sentado en casa, ansioso, el corazón me latía aceleradamente, me sentía temeroso hasta de los sonidos y las voces de afuera.

Esa fue una oportunidad en mi vida en la que realmente tuve miedo. ¿Puedes recordar un momento en el que tuviste mucho miedo? Tu experiencia pudo no haber sido tan intensa como la mía, o pudo haber sido mucho más terrible. Todos hemos experimentado el miedo. Por supuesto, el miedo, como cualquier otra emoción, puede volverse una fuerza destructiva. La tristeza puede convertirse en depresión; la ira, en amargura; el miedo puede paralizarnos. No hay dudas sobre esto: todos tenemos nuestros propios temores.

Algunas personas le temen a la oscuridad. Yo mismo luché contra ese miedo mucho tiempo a causa de las historias que nos relataba mi abuela cuando éramos niños. Fuera del portón de la casa de mi *lola* había un banco de piedra. Todos salíamos allí cuando había luna llena y nos sentábamos a su alrededor a escuchar las cosas que ella había visto u oído sobre fantasmas. Después de eso yo no me atrevía a ir a la cocina solo.

Todos tenemos miedos. Conozco un pastor que tiene miedo de subir a un avión, de manera que viaja por tierra o por barco, aunque le lleve mucho más tiempo. *Por lo menos*, razona, *hay más posibilidades de sobrevivir si ocurre un accidente.* Hay hombres que le temen a sus esposas, y viceversa. Algunos conductores de nuestra ciudad les temen a los policías de tránsito. Cuando ven un policía de tránsito o un agente de seguridad en las inmediaciones, cumplen las reglas por temor a ser detenidos. Por otra parte, mucha gente tiene miedo a envejecer. Como mencioné antes, mi esposa solía trabajar con ancianas. Una de ellas le dio el siguiente consejo: 'No envejezcas'.

Los psicólogos dicen que dos temores muy comunes son el miedo al rechazo y el miedo al fracaso. En realidad, están relacionados. Algunas personas esconden su verdadero yo por temor a que otros conozcan quiénes son realmente: Tienen miedo de ser rechazados. Eso sería el peor fracaso. Muchos evitan asumir riesgos porque el éxito no está garantizado: Tienen miedo a la desilusión y a la desesperanza que un fracaso pueda provocar.

Todos tenemos nuestros temores. Pero, como cristianos, ¿está bien que tengamos miedo? ¿Es señal de una fe débil tener miedo? ¿Podemos reconocer que tenemos miedo?

¿Pueden los cristianos tener miedo?

'No deben tener miedo', oí a un líder cristiano decirle a un grupo de miembros de su iglesia. Esta es una afirmación frecuente en nuestras congregaciones, porque ¿acaso la Biblia no nos ordena no temer? De hecho, la frase 'no teman' aparece muchas veces en la Biblia, alrededor de cien. Entonces, ¿por qué tener miedo? Si nos permitiéramos tener miedo, ¿acaso no estaríamos violando ese mandamiento?

No lo creo. Cuando vamos a la Biblia, descubrimos que muchos hombres y mujeres de Dios, incluyendo algunos de los más destacados líderes de la Biblia, experimentaron el miedo.

Moisés es un ejemplo de ello. Queriendo marcar una diferencia, un día el joven Moisés trató de salvar a un israelita y terminó asesinando a un egipcio. El problema fue que otros se enteraron de su crimen. Y cuando Moisés se dio cuenta de eso, se asustó tanto que huyó para salvar su vida, y no volvió a Egipto por cuarenta largos años. Fue al final de esos años cuando Dios llamó a Moisés, desde una zarza ardiente. 'Moisés, Moisés', llamó Dios. Naturalmente, Moisés se asustó. Dios le dijo que no se acercara porque el lugar donde estaba parado era tierra sagrada. Luego, Dios se presentó como el 'Dios de Abraham, el Dios de Isaac y el Dios de Jacob'. Dijo a Moisés que había visto y sentido lo que estaban sufriendo los israelitas y que estaba preocupado por ellos (Éx 3.6–9).

Moisés fue todo oídos y no dijo una sola palabra durante ese discurso introductorio un poco largo… hasta que Dios dijo: 'Así que disponte a partir. Voy a enviarte al faraón para que saques de Egipto a los israelitas, que son mi pueblo' (Éx 3.10). Cuando Moisés escuchó esas palabras, repentinamente, habló como un estudiante que levanta la mano en clase para llamar la atención del maestro: '¿Y quién soy yo?', dijo Moisés. 'No tengo facilidad de palabra… me cuesta mucho trabajo hablar'. Fue la primera de una serie de excusas que puso. Dios respondió uno por uno todos sus pretextos. Finalmente, cuando se quedó sin excusas, Moisés dijo 'Te ruego que envíes a alguna otra persona'.

Nos preguntamos: ¿por qué Moisés respondió así? ¿Todavía tenía miedo de la gente que sabía de su crimen? ¿Después de cuarenta años? ¿O tenía más miedo de fracasar como líder? Éxodo 3 y 4 nos indican que Moisés vaciló en obedecer a Dios porque tenía miedo. Cuando supo que Dios lo estaba enviando de regreso a Egipto, se desataron todos sus temores, como si lo arrastrara un río torrentoso.

Bueno, Dios tiene sus propias maneras de hacer las cosas. Moisés finalmente se convirtió en el líder de los israelitas. De hecho, llegó a ser uno de los más grandes y respetados líderes. Pero incluso como líder, siguió sintiendo miedo. ¿Recuerda esa oportunidad cuando los egipcios perseguían a los israelitas? El pueblo de Dios se vio atrapado entre las montañas, los egipcios y el mar Rojo por delante. Le aseguro que los israelitas estaban aterrados; comenzaron a llorar y a culpar a Moisés (Éxodo 14.10-12). ¿Qué les dijo Moisés? Como líder fuerte, Moisés se paró delante del pueblo y les dijo:

> —No tengan miedo —les respondió Moisés—. Mantengan sus posiciones, que hoy mismo serán testigos de la salvación que el Señor realizará en favor de ustedes. A esos egipcios que hoy ven, ¡jamás volverán a verlos! Ustedes quédense quietos, que el Señor presentará batalla por ustedes.
>
> *Éx 14.13-14*

Por lo que dijo Moisés aquí, daría la impresión de que tenía todo bajo control, y nada de miedo. Sin embargo, el versículo siguiente dice que Moisés estaba clamando. Dios tuvo que decirle que dejara de gritar, que siguiera adelante y guiara al pueblo: '¿Por qué clamas a mí? ¡Ordena a los israelitas que se pongan en marcha!' (versículo 15). Así es como se comportan generalmente los líderes. Frente a sus miembros, se muestran fuertes, pero, interiormente, lloran. Tienen miedo.

No solo Moisés tuvo miedo. El profeta Jeremías también conoció el miedo. ¿Y por qué no lo haría? Dios lo llamó en una época en que el pueblo solamente escuchaba a los líderes ancianos y de cabellera blanca. Jeremías era muy joven. Dios tuvo que decirle: "No digas: 'Soy muy joven'... No le temas a nadie" (Jer 1.7-8).

El padre terrenal de Jesús, José, también tuvo miedo cuando enfrentó una situación difícil. María, su futura esposa, estaba embarazada, a pesar de que el matrimonio todavía no se había consumado. Un ángel del Señor tuvo que decirle a José 'No tengas miedo' (NTV).

El sumo sacerdote Zacarías tuvo miedo (Lucas 1.13) y lo mismo Juan, el autor del libro de Apocalipsis. Juan nos dice en Apocalipsis

1.17: "Al verlo, caí a sus pies como muerto; pero él, poniendo su mano derecha sobre mí, me dijo: 'No tengas miedo'".

'No tengas miedo'. ¿Por qué se repiten tanto estas palabras en la Biblia? Sencillamente, porque las personas en la Biblia solían tener miedo. Esto también explica por qué una de las descripciones más comunes de Dios en los Salmos es 'refugio' o 'roca'. Las personas se veían en dificultades y querían esconderse[1]. El miedo es una experiencia común en la Biblia. El pueblo de Dios (incluyendo los líderes, los profetas, los sacerdotes y los apóstoles) a menudo tenía miedo. El miedo es una experiencia muy común, no solamente en la Biblia; también lo es hoy.

Cuando el tifón Ondoy inundó Manila y vi con mis propios ojos la velocidad con que subían las aguas, tuve miedo. Era apenas agua de la inundación. ¿Cuánto más si hubiera sido el tsunami que arrasó partes del norte de Japón en 2011?

La gente tiene miedo. Claramente, no queremos admitirlo porque pensamos que no está bien tener miedo. Sentimos que cuando tenemos miedo estamos quebrantando el mandato de la Biblia 'no tengan miedo'. Entonces hacemos todo lo posible por no tener miedo, por no mostrar miedo a pesar de que estamos asustados.

Qué significa realmente 'no tengan miedo'

Cuando Dios dice 'no tengan miedo' no es como los demás mandamientos en la Biblia, como 'no mates' o 'no robes'. Si miramos los lugares en la Biblia donde aparecen esas palabras, vemos que fueron dichas en situaciones en que el pueblo de Dios necesitaba tener la seguridad de la presencia de Dios o alguna forma de aliento (como ejemplos, ver Gn 46.3; Dt 20.1; 31.6; Jos 11.6; Is 44.8; Jer 1.8). En efecto, podríamos decir que las palabras 'no tengan miedo' equivalen a 'Yo estoy aquí'.

Cuando Dios dice 'no tengan miedo' no está dando un mandamiento; está alentando a su pueblo. No está reprendiéndolos ni reprochándoles por tener miedo. Sabe y comprende que tienen

---

[1] James Limburg, "Book of Psalms", *Anchor Bible Dictionary*, vol. 5 (Garden City, NY: Doubleday, 1992), 535

miedo. Dios sabe que somos polvo, que somos limitados. Es por eso que encontramos pasajes que contienen las palabras de aliento 'no tengan miedo' sin referencia alguna a las personas que tienen miedo (por ejemplo, Gn 15.1; 21.17; Nm 14.9; Jn 14.27). Cuando Dios nos dice 'no tengan miedo', en realidad está diciéndonos: 'Comprendo lo que están pasando. Sé que tienen miedo. Pero no lo tengan. Yo estoy aquí'.

Por lo tanto, tener miedo no es en sí mismo una señal de poca fe. En algún sentido, tener miedo es 'bueno' porque nos abrimos a la ayuda de Dios y también a la de otros. A veces, cuando estoy por predicar, le dijo a mi esposa: —Tengo miedo. Estoy nervioso. No creo que lo haga bien.

—Es una buena señal —me responde ella.

Adónde nos lleva el miedo

En general, pensamos que la mejor situación es la posición de poder, de tener el control. Pero, en realidad, la mejor situación es la condición de necesidad, porque cuando no tenemos el control, cuando nos sentimos incapaces es cuando tenemos más oportunidad de experimentar el poder de Dios. Porque ¿cómo podemos experimentar el poder de Dios cuando no estamos dispuestos a admitir nuestras limitaciones?

Es cuando negamos nuestro miedo que cerramos la puerta a Dios y a los demás. El psicólogo Henry Cloud lo explica:

> Negar el miedo nos desconecta de nuestra humilde condición en el universo y nos aleja de Dios. Es nuestro miedo y nuestra falta de control sobre buena parte de la vida lo que nos conduce a nuestro Padre celestial; debemos estar en contacto con nuestros miedos para estar en una posición de necesidad… El miedo nos pone en contacto con nuestra muy real vulnerabilidad y nos conecta con nuestra necesidad de otros y de Dios. Muchas veces la gente trata a los demás con insensibilidad porque está ocultando su temor a ser vulnerables[2].

---

2 Henry Cloud, *Changes That Heal: How to Understand Your Past to Ensure a Healthier Future* (Grand Rapids, MI: Zondervan, 1990; 1992), 201. (Disponible en español).

Esta es una de las razones por las que tememos admitir que estamos desanimados, que estamos tristes. Es por esto que algunas personas no lloran: quieren mostrarse fuertes. Reconocer que tenemos miedo es admitir que no tenemos el control; por eso luchamos contra el miedo. Por ejemplo, algunos hombres no admiten que no saben la dirección de determinado lugar. Entonces, conducen su vehículo dando vueltas durante horas, fingiendo que saben hacia dónde van, aunque haber pedido la dirección a alguien los habría llevado a destino mucho más rápido.

Cómo enfrentar el miedo

El miedo puede ser una señal de orgullo, de una actitud de 'lo sé todo', o de 'no necesito ayuda de nadie'. Por supuesto, también podemos pasar al otro extremo: siempre andar confesando nuestros temores y vivir la vida con miedo, a cada momento del día. Esto ocurre cuando no enfrentamos el miedo.

Entonces, ¿cómo podemos lidiar con el miedo?

En lugar de negar nuestro miedo, es importante que reconozcamos ante el Señor nuestro sentimiento de temor. En lugar de actuar como si controláramos la situación, admitamos que las cosas están fuera de nuestro control y que tenemos miedo. Entonces, presentémosle nuestra situación al Señor. Dios nos conoce tal como somos y comprende cada enredo en el cual estamos metidos. Está dispuesto a acompañarnos en cualquier situación temible que tengamos, incluso en el 'valle de sombra de muerte' (RVR1960).

¿Acaso no fue David el que dijo: 'Aun si voy por valles tenebrosos, no temo peligro alguno porque tú estás a mi lado; tu vara de pastor me reconforta' (Sal 23.4)? David, el mismo que con tanto coraje mató a Goliat, ¿no es así? No obstante, y asombrosamente, también encontramos las siguientes palabras atribuidas a él:

> Se me estremece el corazón dentro del pecho,
> y me invade un pánico mortal.
> Temblando estoy de miedo,
> sobrecogido estoy de terror.
> ¡Cómo quisiera tener las alas de una paloma
> y volar hasta encontrar reposo!

> Me iría muy lejos de aquí;
> > me quedaría a vivir en el desierto.
> Presuroso volaría a mi refugio,
> > para librarme del viento borrascoso
> > y de la tempestad.

Sal 55.4–8

David fue un líder extraordinario y valiente que no tuvo miedo de admitir que tenía miedo: 'Escucha, oh Dios, mi oración; no pases por alto mi súplica... Se me estremece el corazón dentro del pecho, y me invade un pánico mortal'. Él temblaba como lo hice yo durante el evento de la película, tantos años atrás. Pero, porque reconoció que tenía miedo, abrió su corazón a la necesidad de Dios. Por eso al comienzo de ese mismo salmo David le dice a Dios: '¡Óyeme y respóndeme, porque mis angustias me perturban! Me aterran...' (Sal 55.1–2). Le confiesa 'Se me estremece el corazón dentro del pecho'.

Lo que David parece estar diciendo es: Tengo mucho miedo, Dios. Siento que voy a morir. Simplemente, desea poder desaparecer y estar en otra parte, y lo expresa abiertamente. Dice: '¡Cómo quisiera tener las alas de una paloma y volar hasta encontrar reposo! Me iría muy lejos de aquí… Presuroso volaría a mi refugio, para librarme del viento borrascoso y de la tempestad' (Sal 55.6–8).

¿Alguna vez te has sentido así? Yo sí. Hubo momentos en la iglesia cuando sentí que no había preparado bien mi sermón y que estaba predicando horriblemente mal. Me descubría ansiando que la tierra me tragara para desaparecer. Estoy seguro de que todos hemos tenido experiencias como esa, incluso algunas mucho más graves. Pero el punto aquí es que cuando David describió, o 'nombró' su situación, pudo seguir adelante y superar su desesperación.

Creo que la metáfora de la paloma que vuela lejos habla del deseo de David. Y al expresarlo, en algún sentido, pudo avanzar en su manejo del temor.

La historia de Jacob

Una de las historias más conmovedoras del libro de Génesis es la de Jacob. Era la clase de hombre que haría cualquier cosa para conseguir lo que quiere. Sin embargo, también era un hombre de muchos temores. Entre los principales estaba el miedo a su hermano Esaú. Veinte años antes, Jacob había huido de su hogar porque había engañado a su padre, Isaac, para recibir la bendición destinada a Esaú. Cuando Esaú lo supo, se enojó tanto que iba a matar a Jacob, quien huyó. Vivió veinte años con su tío Labán. Durante ese tiempo, se casó con Lea y con Raquel, y acumuló cierta riqueza. Pero, como muchos de los que hemos vivido en el exterior, Jacob sintió la necesidad de volver a su hogar. Se dispuso entonces a regresar a la casa de su padre.

Sin embargo, volver significaba afrontar viejos asuntos. Eso no era fácil. Jacob sabía que tendría que enfrentar a Esaú, la persona a quien más temía. Y una noche memorable, Jacob recibió el informe de que Esaú venía a su encuentro con cuatrocientos hombres. ¡Jacob estaba realmente asustado! No obstante, en lugar de negar su miedo, se presentó ante Dios e hizo una de las oraciones más largas del Génesis:

> Entonces Jacob se puso a orar: «Señor, Dios de mi abuelo Abraham y de mi padre Isaac, que me dijiste que regresara a mi tierra y a mis familiares, y que me harías prosperar: realmente yo, tu siervo, no soy digno de la bondad y fidelidad con que me has privilegiado. Cuando crucé este río Jordán, no tenía más que mi bastón; pero ahora he llegado a formar dos campamentos. ¡Líbrame del poder de mi hermano Esaú, *pues tengo miedo* de que venga a matarme a mí y a las madres y a los niños!»
>
> *Gn 32.9–11, énfasis agregado*

Que hombres como David y Jacob admitan 'tengo miedo' es significativo. No es una muestra de debilidad. Lejos de eso. Por el contrario, reconocerlo es una muestra de coraje; ambos hombres pudieron enfrentar su miedo al admitirlo. Creo que esto es algo que los pastores, los obreros de las iglesias y los miembros de la comunidad de fe deberíamos aprender: reconocer y decir 'tengo miedo'.

Llevar nuestros miedos ante Dios

Lo asombroso es que cuando vamos al Señor en oración, reconocemos nuestro miedo y lo enfrentamos dándole un nombre, Dios nos abre los ojos. Y entonces podemos ver a Aquel que siempre tuvo el control sobre todo lo que estaba ocurriendo. David declaró más adelante, en el Salmo 55.19: '¡Dios, que reina para siempre, habrá de oírme y los afligirá!'. De la misma manera que en el Salmo 57 pudo cantar: 'Pero tú, oh Dios, estás sobre los cielos, ¡tu gloria cubre toda la tierra!', aquí, en el Salmo 55, alcanza a entrever el poder de Dios. Dios tiene el control. Dios reina.

Parte de la razón por la que tenemos miedo es que sentimos que no tenemos el control. Entonces, algunos nos volvemos obsesivos del control. No podemos descansar hasta que todo está en orden, hasta que no queda ningún cabo suelto. Sin embargo, nunca podremos descansar del todo, porque siempre habrá algo que escapa a nuestro control. Es diferente con el Señor. Él realmente tiene el control. Y solo cuando aprendemos a reconocer nuestro miedo ante su presencia y a confiar en él experimentamos su descanso y su paz.

Al día siguiente de la presentación de esa película, clamé al Señor y luché por encontrar las palabras para mi miedo, luché por nombrarlo y enfrentarlo en su presencia. Dios me habló a través de las palabras del Salmo 55.19: '¡Dios, que reina para siempre, habrá de oírme y los afligirá!'. Comencé a tener una visión de Dios como el que tiene el control, como el que 'reina'. Dios estaba diciéndome ese día: 'Todavía tengo el control. No tengas miedo. Estoy aquí'. No es de sorprender que uno de los últimos versículos del Salmo 55 contenga las palabras luego citadas en 1 Pedro 5.7: 'Deja tus preocupaciones al SEÑOR, y él te mantendrá firme' (Sal 55.22, DHH). Y como le ocurrió a Pablo (Hch 9), se cayó la venda de mis ojos y comencé a ver las cosas no desde mi perspectiva, sino desde la perspectiva de Dios. Mi situación no cambió ese día, pero algo ocurrió en mi interior. Mi miedo se encontró con la presencia de Dios.

Es curioso que después de las alentadoras palabras del Salmo 55.22 ('Deja tus preocupaciones al Señor, y él te mantendrá firme'), en el versículo siguiente encontramos estas palabras: 'Tú, oh Dios, abatirás a los impíos y los arrojarás en la fosa de la muerte; la gente sanguinaria y mentirosa no llegará ni a la mitad de su vida. Yo, por mi parte, en ti confío' (Sal 55.23).

La lucha continúa. Y está bien.

Encuentro con un salmo

Lee el Salmo 55.

- Algunos dicen que porque somos cristianos ya no debemos tener miedo. ¿Estás de acuerdo? ¿Hay miedos que se pueden considerar 'normales'? ¿En qué momento el miedo se convierte en algo malo?
- Las personas temen a diferentes cosas. ¿A qué le temes tú?
- ¿Qué podemos aprender del Salmo 55.22 sobre cómo enfrentar nuestros miedos?
- Una de las bendiciones en los Salmos es que, en este libro, Dios no solamente nos da su Palabra, también nos facilita palabras que podemos usar para hablar con él cuando tenemos miedo. Si ahora mismo tienes miedo, intenta orar en voz alta las palabras del Salmo 55.1–8, 16–19.
- ¿Cómo puedes equilibrar la confianza en Dios y la realidad de la experiencia del miedo? ¿Cuándo podemos identificar que ya no confiamos en Dios en medio de nuestro temor?
- Si se te pidiera que predicaras sobre el Salmo 55, ¿cuál sería el tema principal? ¿Cómo prepararías el bosquejo? (Por ayuda para esta tarea, ver el Apéndice).

Capítulo 6

Está bien luchar

—La vida es muy difícil aquí —me decía el conductor del taxi—. No importa cuánto te esfuerces ni cuán duro trabajes, no cambia nada.

Se quejaba de lo poco que ganaba como conductor de taxi. Discutía conmigo sobre cuánto debía ser la tarifa, explicando que el taxímetro servía solamente en el centro de Manila. Fuera de esa área, me dijo, la tarifa se establece según dónde uno vive… y yo vivo fuera de Manila. Le dije que eso no era lo que la persona en el aeropuerto me había indicado.

—Ah, el sujeto que trabaja ahí es nuevo —dijo—. Es por eso que no sabe. De cualquier manera, como no le informaron bien, sigamos la lectura del taxímetro.

Me sentí aliviado, aunque la tensión de no saber cuál era realmente la tarifa me hizo sentir más cansado. Por lo menos tres veces durante el viaje de una hora hasta mi casa, el conductor repitió su explicación sobre cuánto debía ser la tarifa y lo difícil que era la vida.

Puedo identificarme con el conductor del taxi. Mientras escribo esto, también estoy luchando con incertidumbres económicas. Ayer, durante una reunión, el presidente de nuestro seminario nos informó que recibiremos nuestro salario solo hasta la mitad del próximo mes. Después de eso, ya no nos podrán pagar. ¡Queda menos de un mes! ¿De dónde sacaré el dinero para pagar la matrícula de mis hijos? ¿De dónde conseguiré el dinero para pagar las cuotas de nuestra vivienda y cubrir las necesidades básicas? Anoche no pude dormir pensando cuál será nuestra situación, y estuve todo el tiempo orando.

En la vida hay que luchar

La triste realidad es que muchos de nosotros tenemos dificultades económicas. Una investigación reciente muestra que la tasa de desempleo en Filipinas subió a más de 27,2 por ciento en 2011, del 23,5 por ciento que era en 2010. Eso significa que unos once millones trescientos mil filipinos son desocupados[1]. Cuando leí eso, me costó seguir con lo que estaba haciendo. Si los que tenemos trabajo luchamos con las dificultades económicas, ¿cuánto más quienes no tienen trabajo? Muchos de nosotros somos '*isang kahig, isang tuka*', vivimos con lo justo, ganamos apenas lo suficiente para alimentarnos en el día a día, y escasamente. Carecemos de seguro. No tenemos ahorros. Nada. Apenas lo necesario para el día. ¿Y qué de las otras cosas importantes para la vida como la salud y la educación? ¿Qué ocurre cuando alguno en la familia se enferma? En la actualidad, esta es una de las principales razones por las que más del diez por ciento de los filipinos trabaja hoy en el exterior.

Sin embargo, los que tenemos la oportunidad de trabajar o vivir en el exterior, pronto descubrimos que quienes viven en países más ricos también tienen sus luchas. Pueden ser ricos, pero no son felices. Hace poco se lanzó un movimiento en el Reino Unido, llamado '*Happiness Movement*' [Movimiento por la felicidad]. La gente que vive en los países del primer mundo está descubriendo que el dinero no puede comprar la felicidad. Según un informe 'los niveles de bienestar en Gran Bretaña, Estados Unidos de América y otros países se mantuvieron invariables, a pesar de que el salario disponible y la seguridad financiera subieron durante la gran expansión de las economías occidentales en la posguerra'. Esto indica que, aun en esos años más productivos, el nivel de felicidad de la gente no mejoró. Incluso se descubrió que quienes vivían en países pobres como Bangladés y Nigeria estaban 'por encima de las naciones mucho más ricas de Europa y Estados Unidos de América', en términos de lo que el primer ministro británico David Cameron llamó 'bienestar general'. Dijo 'Es hora de que pongamos el foco no en el PBI sino en el BEG, el bienestar general'[2].

---

[1] *Manila Bulletin*, 23 de mayo de 2011 (http://www.mb.com.ph, entrada del 3 de junio de 2011).

[2] *Philippine Daily Inquirer*, 14 de abril de 2011. El subtítulo del artículo dice: '*Diyan*

La soledad, la depresión y el vacío son problemas serios con los que luchan algunos de los ricos, especialmente en los países del Primer Mundo. Cuando vivíamos en el Reino Unido, mi hija vino un día diciendo:

—Papá, muchas de mis compañeras lloraban esta mañana al comienzo de la clase. Hasta la maestra estaba llorando.

—¿Por qué lloraban? —preguntamos la madre y yo a la vez.

—Porque la mayoría de los padres de mis compañeras están divorciados —dijo. Una de sus compañeras contó que su padre se había marchado de la casa esa mañana y había dicho que no volvería. La clase conversó sobre eso y la maestra les contó que ella también provenía de un hogar roto.

Incluso algunas cosas que damos por sentado pueden ser un tema importante en los países ricos. El sueño, por ejemplo. Cuando visité Singapur, vi en una iglesia la publicidad de una charla sobre cómo lidiar con problemas del sueño, a la que invitaban a inscribirse. Me puse a pensar: *los problemas de sueño tienen que ser un tema importante aquí si se pueden utilizar para atraer gente a la iglesia. ¡Incluso tienen algo así como un experto en sueño!* También he visto en Internet que hay un Centro Nacional para Desórdenes del Sueño en Estados Unidos de América. Eso es algo desconocido en Filipinas, donde es más probable que el problema sea dónde dormir que cómo dormir. En Manila hay viviendas donde hay tan poco espacio que los ocupantes deben turnarse para dormir. Por ejemplo, alguno duerme entre las siete de la tarde y las doce de la noche. Entonces, deberá levantarse y ceder el lugar al que tiene el 'turno' entre las doce de la noche y las cinco de la mañana. El lugar físico puede ser pequeño, ¡pero por lo menos las personas aquí duermen desde el instante que ponen la cabeza sobre la almohada!

La realidad es que tanto el rico como el pobre luchan con dificultades en la vida. Algunos luchan con la pobreza y el sufrimiento material; otros con temas psicológicos y emocionales. Aunque alguno puede opinar que una cosa es mejor que la otra, el punto es que todos

---

angat ang pinoy, kahit mahirap masaya' [Ahí es donde los filipinos son mejores, son felices a pesar de ser pobres]. Ver http://newsinfo.inquirer.net/3146/happiness-movement-startswith-lotsa-hugs, entrada del 24 de agosto de 2016.

luchamos con algo. El diccionario define el verbo 'luchar' como 'hacer un gran esfuerzo para lidiar con un desafío, un obstáculo o una dificultad'. En ese sentido todos luchamos. Todos tenemos dificultades con una o más cosas. Todos luchamos.

Alguno puede preguntar '*¿Hindi ba pwedeng walang struggles?*' [¿Es posible no tener que luchar?]. Quisiera que la respuesta fuera 'sí'. Quisiera poder despertar una mañana sin tener la preocupación por dónde o cómo conseguiré suficiente dinero para pagar la matrícula de mis hijos. Quisiera poder levantarme cada mañana alegre y renovado, sin preocupaciones ni un ánimo sombrío. Quisiera no tener que luchar con mis propias debilidades. Pero sabemos que solo los que están bajo un metro y medio de tierra no necesitan luchar. En Filipinas decimos: '*Habang may buhay, may pagasa*' [Mientras hay vida, hay esperanza]. De la misma manera, también sabemos que '*Habang may buhay, may struggles*' [Mientras hay vida, hay luchas].

Cuando el pueblo de Dios lucha económicamente

Cuando abrimos la Biblia descubrimos que aun el pueblo de Dios tiene luchas. Ellos también claman: 'Yo soy pobre y estoy necesitado; ¡ven pronto a mí, oh Dios! Tú eres mi socorro y mi libertador; ¡no te demores, Señor!' (Sal 70.5). Un filipino bien podría ser el autor de esas palabras. Cada vez que pregunto a nuestra gente en la iglesia cuáles son sus motivos de oración en las reuniones de oración, el pedido más común es 'por los problemas financieros'. Oír las palabras del salmista nos hace comprender que no estamos solos. Muchos en el pueblo de Dios también son pobres. Pero es porque son pobres y muy necesitados que vienen a Dios pidiendo su misericordia y su ayuda.

Cuando estamos en una situación de necesidad, tenemos más oportunidad de clamar a Dios. Si usted trabaja mucho y nada cambia, entonces tiene más oportunidades de depender de Dios y, en el proceso, experimentar su poder. Uno sabe de qué está hablando el salmista cuando dice: 'Los ojos de todos se posan en ti, y a su tiempo les das su alimento' (Sal 145.15). Sabemos cómo se siente el salmista cuando dice 'A las montañas levanto mis ojos; ¿de dónde ha de venir mi ayuda? Mi ayuda proviene del Señor, creador del cielo y de la tierra' (Sal 121.1–2).

Recuerdo la historia de dos mujeres que fueron a hablar con su guía espiritual; una era rica, la otra pobre. La mujer pobre habló primero. Se quejó: 'La vida es muy dura. Ella parece estar pasándola mucho mejor porque es rica'. Luego fue el turno de la mujer rica. 'Envidio a esa mujer', le dijo a su guía espiritual, refiriéndose a la mujer pobre. 'Ora con tanta intensidad que parece como si pudiera tocar a Dios'.

Cuando Gracia Burnham volvió a Estados Unidos de América después de ser rescatada de Abu Sayyaf en Mindanao, un reportero le preguntó:

—¿Cuál es la diferencia entre la vida en la jungla, bajo sus captores, y su vida ahora que ha regresado al país?

—Aquí, cuando tienes sed, abres el grifo y sale agua. Si tienes hambre, simplemente abres el refrigerador y sacas algo para comer. Pero en las montañas, si tienes sed, clamas a Dios —fue su respuesta.

Recuerdo un día que llegué a casa y sentí cierto desconcierto al ver que mi hija extendía la mano al interior del refrigerador. El refrigerador estaba abierto y no había nada adentro. Bueno, eso no es del todo cierto: había agua, mucha agua adentro. Le pregunté a mi hija qué hacía. Me dijo que estaba orando para que Dios nos diera comida. Nunca olvidaré sus oraciones durante ese tiempo. Eran como las palabras del salmista: 'A ti, Señor, elevo mi clamor desde las profundidades del abismo' (Salmo 130.1).

Luchamos con problemas emocionales

'A ti, Señor, elevo mi clamor desde las profundidades del abismo' es una de las oraciones en los Salmos que concuerda con nuestra experiencia, no solamente cuando luchamos con dificultades económicas sino también cuando la lucha es con problemas emocionales, con nuestro sufrimiento y dolor interior. Quizás, las personas de otros trasfondos tienen problemas diferentes a los que algunos enfrentamos, pero también saben lo que es luchar intensamente. Mi exprofesor de seminario, proveniente de Canadá, nos decía que en su país se pueden ver pueblos que desde afuera parecen estar muy bien. Los habitantes no tienen problemas económicos; son súper ricos, comparados con la mayoría de nosotros. Pero si raspa un poco la superficie, se pueden ver algunos problemas graves como el alcoholismo, la drogadicción y el maltrato infantil. Las personas están aburridas, hartas y muertas interiormente.

La Biblia también habla de luchas emocionales. Cansado y desbordado, David clama: 'Cansado estoy de sollozar; toda la noche inundo de lágrimas mi cama, ¡mi lecho empapo con mi llanto!' (Salmo 6.6). Puedes identificarte con la letra de otro salmista: 'Mis lágrimas son mi pan de día y de noche' (Salmo 42.3a). ¿Hubo algún momento en tu vida cuando experimentaste algo similar? Seguramente llegabas a casa ansiando encontrar un lugar donde pudieras, simplemente, llorar. Te quedabas despierto toda la noche llorando. La experiencia de David no fue un hecho aislado. También nos cuenta cómo luchaba con el dolor y la tristeza, cómo luchaba con sus pensamientos: '¿Hasta cuándo he de estar angustiado y he de sufrir cada día en mi corazón?' (Salmo 13.2a). En filipino diríamos: *'Siguro napapraning na siya'* [A lo mejor está perdiendo la razón]. Después de pensar y pensar en un problema, muchos hemos tenido la sensación de que nuestra mente está embotada y agotada. Lo mismo le ocurría a David cuando seguía pensando en cómo solucionar sus problemas. Se sentía triste y cansado, y se quejaba: '¿Hasta cuándo?' Repite las mismas palabras muchas veces.

En la antigüedad, cuando las personas preguntaban '¿Hasta cuándo?' se referían a un tiempo realmente largo, a diferencia de hoy en día, cuando dos minutos ya es demasiado si estamos frente al ordenador. '¿Hasta cuándo?' en tiempos antiguos equivalía a años, no a días o semanas.

Pero las personas de la Biblia no se daban por vencidas. Seguían intentando, tal como el salmista en el Salmo 42–43, que repite tres veces la oración: '¿Por qué estoy desanimado? ¿Por qué está tan triste mi corazón? ¡Pondré mi esperanza en Dios! Nuevamente lo alabaré, ¡mi Salvador y mi Dios!' (Sal 42.5, 11; 43.5, NTV). Cuando el salmista repite su oración, está mostrando su lucha por encontrar paz interior, lo mismo que su perseverancia en buscarla.

¿Te sientes así alguna vez? ¿Triste y solitario? Tienes la esperanza de que pase. Pero, después de un tiempo, descubres que la tristeza y la soledad siguen ahí. Asistes a la iglesia; todo el mundo entona canciones alegres y positivas, pero te cuesta participar. Las letras te resultan extrañas, no te llegan al corazón en absoluto.

Oyes a la gente de la iglesia decir: 'Cuando no sientes el deseo de alabar a Dios, con más razón tienes que alabarlo'. Entonces, intentas con todas sus fuerzas alabar al Señor. Pero sabes que no puedes engañarte para siempre. No es que seas una mala persona o te falte fe. No importa cuánto lo intentes, sigues sintiendo la misma oscuridad que se cierne sobre ti. Te dices: *quiero alabar al Señor porque Dios me ama. Debo alabarlo, no importa qué ocurra.* Intentas varias veces. Pero después de un tiempo dejas de intentar y, sencillamente, te quedas sentado.

Supe de un cristiano en Australia que, en medio del tiempo de adoración en la iglesia gritó: '¡Me siento como el Salmo 88!'. El Salmo 88 es uno de los salmos más oscuros (hablaremos sobre el mismo en el capítulo 8). No haríamos algo así en Filipinas. Somos gente tímida y no queremos llamar la atención. Pero si fuéramos sinceros, muchos admitiríamos que estamos sufriendo luchas profundas y dolorosas.

Yo lo he vivido. Asistía a la iglesia y las alabanzas seguían y seguían, mientras yo luchaba por identificarme con el mensaje de las canciones. Luchaba mucho más los días que me tocaba predicar, porque cuando terminaban las canciones era mi turno. En una oportunidad, me pidieron que predicara sobre el Domingo de Pascua. Más tarde, le dije a mi consejero espiritual que, a pesar de que había predicado sobre la resurrección, me había sentido como en Viernes Santo. Fue un tormento.

Luchamos con la voluntad de Dios, tal como Jesús

Me alegro de no estar solo con mis luchas. No estamos solos. Jesús también luchó. Durante su hora más difícil oró a su padre: '*Padre mío, si es posible, no me hagas beber este trago amargo. Pero no sea lo que yo quiero, sino lo que quieres tú*' (Mateo 26.39). Es interesante observar que, al igual que el salmista en el Salmo 42–43, Jesús repite tres veces esa oración. Estaba a punto de sufrir la crucifixión y la muerte, lo que él describe como 'trago amargo'. Llevó consigo a sus tres amigos más íntimos (Pedro, Santiago y Juan), así como nosotros queremos estar acompañados por nuestros amigos más cercanos cuando atravesamos situaciones sumamente difíciles. Pero Jesús tuvo que dejar a sus amigos por un rato para decir esa oración (hay caminos que solo uno puede recorrer, ni siquiera nuestros amigos más íntimos pueden acompañarnos). La primera vez que Jesús oró 'Padre mío, si es posible, no me hagas beber este trago amargo. Pero no sea lo que yo quiero, sino lo que quieres tú', uno pensaría que el asunto ya había quedado resuelto. Volvió con sus discípulos, pero los encontró dormidos. Entonces, los dejó nuevamente, volvió a arrodillarse y repitió la misma oración. Y todo eso ocurrió una vez más; tres en total. Casi puede uno imaginarse a Jesús yendo y viniendo, arrodillándose con la frente sobre la tierra y poniéndose de pie repetidas veces. Estaba atravesando un momento realmente difícil. Estaba luchando.

Nos gusta pensar que Jesús enfrentaba el sufrimiento de manera pacífica y alegre. Hay algo de eso, claro. Hebreos 12.2 nos dice que Jesús 'por el gozo que le esperaba, soportó la cruz, menospreciando la vergüenza que ella significaba, y ahora está sentado a la derecha del trono de Dios'. Pero también sabemos que Jesús luchó. Y eso a pesar de que Jesús sabía que estaba cumpliendo el propósito por el que había sido enviado. Con la oración de Jesús en Getsemaní, es como si le dijera al Padre:

> Padre, sé que hemos hablado de esto en la eternidad. Acepté ser el Cordero que sería ofrecido en sacrificio por el pecado de la humanidad. Incluso, hace poco oré para que tú fueras glorificado por medio de mi muerte, de la misma manera que te he glorificado por medio de mi ministerio (Juan 17.1). Pero, para ser sincero, esto es muy difícil. De hecho, en este momento desearía no tener que pasar por este trance.

Incluso cuando al final, agrega la frase: 'Pero que no sea lo que yo quiero, sino lo que quieres tú', Jesús la pasó realmente mal. Esto puede desconcertar a muchos cristianos que piensan que es lo mismo la madurez en la fe que la ausencia de luchas. Conozco un líder cristiano que sufría muchísimo y jamás se quejaba. Los miembros de su iglesia decían que se sentían bendecidos porque su líder había enfrentado el sufrimiento con paz y alegría. Pero eso no es verdad para todo el mundo. La buena noticia es que, cuando sufrimos, no necesitamos obligarnos a estar alegres o tranquilos todo el tiempo; está bien luchar. La Biblia nos dice que Jesús fue tentado tal como nosotros (Heb 4.15). Y para mucha gente saber esto es un gran estímulo.

> Porque no tenemos un sumo sacerdote incapaz de compadecerse de nuestras debilidades, sino uno que ha sido tentado en todo de la misma manera que nosotros, aunque sin pecado.

Porque ha pasado por la misma experiencia, Jesús puede comprendernos en nuestra debilidad.

Luchamos con nuestra debilidad

El apóstol Pablo revela cómo luchaba con una debilidad que tenía, a la que llamaba 'espina en su carne' (NTV). La figura de una 'espina' indica que es algo negativo, como las emociones negativas de las que hemos estado hablando. Es algo que no querríamos tener, si pudiéramos elegir. Tan difícil era esta 'espina' para Pablo que hasta oraba para que le fuera quitada. Como el salmista y como Jesús, Pablo oró tres veces por esa 'espina en su carne'.

Está claro que Pablo estaba desesperado. Orar por algo tres veces implica que uno ha agotado todos los medios posibles de hallar alivio. Repetir la propia oración tres veces también muestra que la persona está luchando, como hemos visto en el caso de Jesús y del salmista.

Por las otras cartas, sabemos que Pablo pidió oraciones (Ef 6.19–20) y también oró por otros (Fil 1.4; 1 Ts 1.2). Pero esta es la única ocasión en la que Pablo dice que oró por algo tres veces. Cada vez, Pablo dice que su oración fue rechazada. En cambio, el Señor respondió a Pablo, diciéndole que su gracia era suficiente, 'pues mi poder se perfecciona en la debilidad' (2 Co 12.9). Al final, Pablo reconoce que todo ha sido para su bien, para que se manifieste el poder de Dios a través de su debilidad. Saber cuál era el propósito de su sufrimiento seguramente alivió el tormento de Pablo, pero el motivo de sus luchas siguió siendo desconocido para él. Pablo murió siendo un apóstol que luchaba.

La experiencia de Pablo muestra que algunas luchas son de por vida. Por supuesto, algunas se pueden resolver o, por lo menos, aliviar. Por ejemplo, si hay un pecado que provoca nuestra lucha, la confesión del pecado y un cambio de actitud pueden permitirnos experimentar la liberación. Pero hay luchas que tendrán que esperar hasta que lleguemos a la eternidad para ser resueltas.

Por qué seguimos luchando

Espera un minuto, puede argumentar alguno: ¿por qué tenemos que seguir luchando? ¿Acaso no somos ya justificados por la fe? ¿No dijo Pablo en Romanos 8.1: 'Por lo tanto, ya no hay ninguna condenación para los que están unidos a Cristo Jesús'? Jesús ya pagó el precio por nuestros pecados. ¿Acaso no declaró en la cruz 'Todo se ha cumplido'? Entonces, ¿por qué tenemos que seguir luchando? Muchos no logramos entender el lugar que ocupan las luchas en la vida que ya ha sido redimida por la sangre de Cristo.

Algunos dirán: '*Tapos na ang laban*' [Ya terminó la lucha]. Es como mirar Manny Pacquiao[3] en diferido o en repetición. Ya sabemos que ganó, así que no tenemos que estar tensos. Mientras miramos la lucha podemos estar muy relajados, comiendo maní, con los pies sobre la mesa y con un clima alegre en la habitación. Aunque veamos a Manny Pacquiao arrinconado y dando la impresión de estar pasando un mal momento en la pelea, no nos preocupamos porque ya sabemos que ganó. De la misma manera razona esta gente, sabemos que Dios ya ha ganado la última batalla, de modo que ya no necesitamos luchar.

Estoy de acuerdo en que hay una conexión entre el ejemplo del boxeo y nuestra experiencia como creyentes porque, en efecto, sabemos y creemos que al final Dios vence. Pero hay una diferencia entre mirar a Manny Pacquiao, y la lucha en la vida cristiana. Para empezar, el final todavía no ha llegado; ninguno de nosotros ha visto lo que se revelará al final del tiempo. Incluso el apóstol Juan, que escribió el Apocalipsis, solo pudo usar representaciones para describir lo que se le revelaba. Nos faltan palabras cuando queremos comenzar a describir el fin, por lo tanto, no es como si lo viéramos en una repetición. Sabemos que Dios ha ganado, pero no sabemos ni entendemos exactamente cómo y cuándo. Por eso, incluso el pueblo martirizado de Dios en el libro del Apocalipsis clama al Señor: ¿Hasta cuándo?' (Apocalipsis 6.10). Sabemos que, al final, Dios vence, pero mientras tanto nuestra vida ciertamente no está libre de luchas. Exige mucha fe. Ni siquiera

---

[3] Manny Pacquiao es, al momento de escribir esto, rey mundial de boxeo, y el único boxeador en la historia en ser campeón de ocho categorías distintas.

sabemos cómo será nuestro cuerpo resucitado, porque ninguno ha resucitado todavía.

Para colmo, a diferencia de la analogía del boxeador, los cristianos no son los que están frente al televisor, mirando la pelea. Estamos dentro del cuadrilátero, luchando por nuestra vida. Sabemos que al final Dios vence. Pero hay momentos en los cuales sentimos que eso no es cierto, porque nos golpean, nos hacen retroceder y nos caemos, mientras la tribuna grita y nos insulta. ¿Es verdad que al final ganaremos? Así lo creemos. Pero, por el momento, sentimos que estamos siendo destrozados.

Algunos no nos sentimos para nada como el ganador Pacquiao. Más bien, nos sentimos como su oponente, con el rostro hinchado y herido, el cuerpo se tambalea con cada golpe fuerte que recibimos. De manera similar, la iglesia está siendo bombardeada de todos lados con tragedias como la inmoralidad, la injusticia, el sufrimiento y la explotación. Sabemos que al final Dios gana. Pero hay momentos, y para algunos ese momento puede ser ahora, en que no vemos la llegada de ese final. Algunas personas dudan de que los creyentes ganen realmente algún día. Un anglicano británico me dijo en una oportunidad: 'Quisiera que Dios fuera más visible y activo en su iglesia hoy'.

Solamente entrevemos su poder y su presencia. En algunas partes del mundo lo que se siente es la ausencia de Dios. Los cristianos son minoría. Son marginados, perseguidos, excomulgados. Cuando murió Bin Laden, por ejemplo, los cristianos en Pakistán se vieron completamente condenados al ostracismo. Sus propios compatriotas pensaban (y siguen pensando) que los cristianos habían tenido algo que ver con su muerte. Los de afuera de su país tampoco confían en ellos.

En lugares donde la iglesia es más rica e influyente, los cristianos tienen otro tipo de lucha: Deben afrontar la vida 'como cristianos ricos en una época de hambre'. Lo que es peor: luchan por mantener la unidad, la armonía y la pureza. Sus tentaciones y sus problemas pueden ser cualitativamente diferentes, pero son igual de grandes.

Por lo tanto, como el salmista, clamamos a Dios desde las profundidades (Salmo 42: 'un abismo llama a otro abismo'). Nos sentimos abrumados, sin saber adónde ir ni qué hacer. A veces nos preguntamos si este pequeño puñado del pueblo de Dios realmente saldrá victorioso algún día. Creemos que sí. En la parábola de la semilla de mostaza, Jesús dijo que el reino de Dios en la tierra un día será como un gran árbol, cuyas ramas son tan amplias que las aves de todo tipo pueden construir en ellas sus nidos.

La tensión entre la gloria futura y el sufrimiento actual

Pero esa victoria se obtendrá 'un día'. Por ahora, estamos atrapados 'entre los tiempos'. Estamos en medio de la tensión entre lo que deberíamos ser gracias al amanecer de la era que vendrá como resultado de la llegada de Cristo a la tierra, y la presente realidad en la que nos encontramos. La gloria del reino venidero comenzó cuando Jesús vino a la tierra. Pero no está completamente aquí. Lo estará cuando Jesús venga nuevamente a la tierra en su gloria. Esto nos hace un pueblo de gloria futura y, al mismo tiempo, de sufrimiento en el presente. Simultáneamente, somos el pueblo de la cruz y de la resurrección. Ya tenemos ganados los frutos de la eternidad, pero en el cuerpo llevamos las marcas del sufrimiento.

Solemos pensar que la vida pudo haber sido más fácil para los creyentes del Nuevo Testamento (y a lo mejor para nosotros hoy), porque los primeros cristianos ya tenían su esperanza puesta en Jesucristo. En los tiempos del Antiguo Testamento, la gente no tenía la esperanza de la vida eterna. No obstante, nuestra verdadera situación como creyentes, independientemente de cuándo vivamos, es similar a la experiencia de la mujer sunamita en 2 Reyes 4. No tenía hijos cuando Eliseo la conoció. Aunque su situación estaba lejos de ser ideal, ella había aprendido a aceptar su suerte. De manera que cuando Eliseo le dijo que tendría un hijo al año siguiente, su reacción fue: '¡No, señor mío! —exclamó ella—. Hombre de Dios, no me engañes así ni me des falsas esperanzas' (2 R 4.16b, NTV). Pero en cumplimiento de la palabra de Dios, la mujer quedó embarazada y tuvo un hijo. Ese milagro seguramente trajo un momento de gran celebración. Pero algunos años después el niño murió. Eso le causó a la mujer más sufrimiento que el que tenía cuando carecía de hijos. Le dijo a Eliseo: "¿Acaso yo te pedí un hijo, señor mío? ¿Acaso no te dije: 'No me engañes ni me des falsas esperanzas'?" (2 R 4.28, NTV).

Como creyentes, nuestras esperanzas ciertamente han aumentado con la venida de Jesucristo. Pero para los que estamos pasando por graves dificultades, la promesa de gloria futura puede parecer una gran contradicción. La sola idea puede convertirse en una experiencia atormentadora cuando los creyentes que están sufriendo descubren que hay una enorme brecha entre la gloria futura prometida y la experiencia actual. Por supuesto, la gloria futura también puede traer esperanza a los que sufren ahora (Ro 8.18), pero no podemos decir que esa esperanza y ese consuelo estén disponibles y se sientan fácilmente todo el tiempo. Especialmente, quienes atraviesan un fuerte dolor emocional (como la depresión), o la persecución y pérdida extremas, la tensión entre el futuro y el presente llega a ser tan grande que no pueden evitar clamar: '¿Hasta cuándo, Señor, me seguirás olvidando? ¿Hasta cuándo esconderás de mí tu rostro?' (Sal 13.1). Quienes ministramos a los que sufren y quienes estamos sufriendo haríamos bien en recordar ese punto.

Como los amigos de Job, podemos cometer el error de ofrecer consejos y explicaciones, en lugar de acompañar a nuestros amigos y escucharlos, permitiéndoles expresar su dolor. Creo que ayudaría comprender mejor la naturaleza de la vida de fe, que implica luchas del tipo más difícil e intenso, aun para los creyentes. En lugar de ofrecer falsas esperanzas a los amigos que están sufriendo, podemos presentarles la realidad. Porque solo enfrentando nuestra realidad es que podemos experimentar la libertad. Como guía espiritual y escritor, Thomas Merton explica: "La verdadera fe nunca es una fuente de consuelo espiritual. Puede ser que traiga paz, pero antes de eso nos involucra en una lucha. Una 'fe' que evita esta lucha, en realidad, es una tentación contra la verdadera fe"[4].

Seguimos en el proceso de ser transformados

Otro motivo por el que los creyentes luchan es que, en medio de la tensión en que vivimos, estamos en el proceso de avanzar hacia la gloria futura. Este movimiento, como explica Merton, implica una

---

4 Thomas Merton, *New Seeds of Contemplation* (Londres: Burns & Oates, 1962, 1999), 78.

lucha porque estamos en un proceso. Sabemos que, aunque ya somos justificados por la fe, seguimos en el proceso de ser transformados. El escritor de temas espirituales Robert Mulholland dice: 'La formación espiritual es el proceso de ser conformados a la imagen de Cristo por el bien de otros'[5]. Lamentablemente, no nos gusta estar en un proceso. Un proceso implica pasos. Requiere tiempo. De hecho, puede ser frustrantemente lento, y algunos cristianos quieren crecer muy rápido. El monje y escritor Hermano Lorenzo se quejó en una oportunidad de cierta monja, describiéndola como alguien 'que quiere crecer más rápido de lo que permite la gracia'[6].

Algunos cristianos desearían que hubiera algún tipo de cápsula espiritual que pudieran ingerir ¡para que todas sus luchas desaparecieran! Quisieran que un líder espiritual dijera algún tipo de oración de liberación, una oración que los liberara de todas sus debilidades. Pero ¿cuántos pastores han orado por nuestras debilidades y seguimos luchando con ellas? ¿A cuántas conferencias y seminarios hemos asistido, esperando encontrar la solución prometida y la liberación de nuestras debilidades, solo para volver a enfrentar los mismos temas? Algunos grupos cristianos realmente creen que para liberar de todos sus problemas al cristiano que lucha solo se necesita un rito de liberación, y luego todo estará bien. En esos ritos uno vomita literalmente las debilidades o cualquier cosa con lo que luche. En otros grupos se las libera con el sudor. Pero yo me pregunto: ¿cuántas veces tendrá que pasar un cristiano por esas sesiones de 'vómito'?

Los procesos de crecimiento son parte de la vida de fe. ¡Con qué rapidez pasamos de ser un gigante espiritual a ser un feo pecador! Cuando uno acaba de asistir a un retiro espiritual, se siente realmente encendido por Dios. Luego, tu hijo te molesta, y de repente, el entusiasmo por Dios desaparece. Uno sigue encendido, pero ya no con un fuego santo. Recuerdo a mi profesor de seminario, cuando decía: 'Cuando te conviertes en un padre, descubres que en realidad eres un pecador'.

---

[5] M. Robert Mulholland (h.), *Invitation to a Journey: A Road Map for Spiritual Formation* (Downers Grove, IL: InterVarsity Press, 1993), 15.

[6] Brother Lawrence, *The Practice of the Presence of God* (Mount Vernon, NY: Peter Pauper Press, 1963). (Disponible en español).

¿Cuántas veces nos sentimos frustrados porque, incluso después de años de ser creyentes, seguimos luchando con las mismas cosas? El escritor de temas espirituales Henri Nouwen, cuyos escritos han impactado muchas vidas, admitió que seguía luchando con las mismas cosas veintinueve años después de su ordenación. Confesó: 'Al ver hacia atrás, comprendo que sigo luchando con los mismos problemas que tenía el día de mi ordenación, hace veintinueve años… Muy poco, o nada, ha cambiado en relación a mi búsqueda de unidad y paz interior. Sigo siendo la persona preocupada, nerviosa, intensa, distraída e impulsiva que era cuando inicié este viaje espiritual'[7].

¿Por qué somos así?

Es porque, aunque ya hemos sido transformados como resultado de nuestra unión con Cristo, el proceso de cambio todavía no está completo. Sabemos por 2 Corintios 5.17 que ya hemos sido transformados: 'Por lo tanto, si alguno está en Cristo, es una nueva creación. ¡Lo viejo ha pasado, ha llegado ya lo nuevo!'. Pero Pablo nos dice que ese cambio continúa: 'Así, todos nosotros, que con el rostro descubierto reflejamos como en un espejo la gloria del Señor, somos transformados a su semejanza con más y más gloria por la acción del Señor, que es el Espíritu' (2 Co 3.18). Observemos que el verbo no es un pasado simple (fuimos transformados), sino un presente continuo (somos transformados), lo que significa que es un proceso continuo. No estamos cambiados completamente, seguimos en proceso.

El pasaje de Colosenses 3.9–10 lo ilustra mejor:

> Dejen de mentirse unos a otros, ahora que se han quitado el ropaje de la vieja naturaleza con sus vicios, y se han puesto el de la nueva naturaleza, que se va renovando en conocimiento a imagen de su creador.

Pablo nos dice que como creyentes ya nos 'hemos puesto la nueva naturaleza'. Ya es nueva. Pero sigue describiendo en qué consiste esa 'nueva naturaleza'. Dice que esa nueva naturaleza está 'siendo renovada'. Dios todavía no ha terminado con nosotros[8].

---

7 Wil Hernandez, *Henri Nouwen: A Spirituality of Imperfection* (Nueva York: Paulist Press, 2006), 102.

8 O como decimos en tagalo: *'Hindi pa tapos ang Diyos sa atin'.*

Dios todavía no ha terminado con nosotros. Como lo escribe Juan Calvino: 'Criaturas tan inestables, y sujetas a ser arrastradas por miles de influencias diferentes, necesitan ser confirmadas una y otra vez'[9]. Como la experiencia de Pablo en Romanos 7, hay momentos en que queremos hacer lo correcto, pero terminamos haciendo justamente eso que no queríamos hacer[10]. Pablo escribe: 'No entiendo lo que me pasa, pues no hago lo que quiero, sino lo que aborrezco' (Ro 7.15).

No estoy alentando aquí la autocomplacencia. Lejos de eso. Como cristianos, tenemos que seguir viviendo vidas santas, por la gracia de Dios, y crecer en nuestra relación con él. Esto explica las numerosas exhortaciones en la Biblia que instan a los creyentes a vivir como Dios los llamó a vivir (por ejemplo: Ro 12.1-2; Ef 4.1). No obstante, y al mismo tiempo, tenemos que cuidarnos de no llegar al punto de pensar que no andamos bien cada vez que fallamos. El perfeccionismo, según un autor de temas espirituales, es uno de los principales obstáculos en la vida de fe. 'Para nosotros no hay otra cosa que intentar, un paso por vez… El perfeccionismo, el obstinado esfuerzo por las metas espirituales y la expectativa de lograr la total integridad espiritual son importantes obstáculos para nuestro viaje espiritual'[11]. Como he escrito en otra parte:

> La vida humana sigue siendo, en gran medida un proceso; ser humano es ser imperfecto, incompleto, inconcluso. Clamamos por ayuda y obtenemos ayuda. No obstante, al poco tiempo estamos otra vez de rodillas, pidiendo que Dios en su misericordia nos libere. Y es solo en nuestra habilidad para vivir por gracia con nuestras imperfecciones donde fluye la sanidad[12].

---

[9] Calvino, *Commentary on the Book of Psalms*, trad. al inglés de J. Anderson (Edinburgh: Edinburgh Printing, 1846), 423.

[10] Como dice una canción filipina: '*Gusto kong bumait pero 'di ko magawa*' [Quiero comportarme mejor, pero sencillamente no puedo].

[11] Richard Byrne, "Journey, Growth and Development in Spiritual Life", en *The NewDictionary of Catholic Spirituality*, ed. Michael Downey (Collegeville, MN: Liturgical Press, 1993).

[12] Villanueva, "Preaching Lament", en *Reclaiming the Old Testament for Christian Preaching*, eds. Grenville J. R. Kent, Paul J. Kissling, y Laurence A. Turner (Downers Grove, IL: IVP Academic, 2010), 76.

Luchamos como Jacob

Es inevitable que todos luchemos. Somos como Jacob en el Antiguo Testamento. Podríamos decir que Jacob era un luchador nato. Aun antes de salir del vientre de su madre, ya estaba luchando con su hermano mellizo, Esaú. Por eso lo llamaron *suplantador* (Gn 25.26, RVA2011). Jacob también luchaba consigo mismo. Luchaba con su miedo. Como vimos en el capítulo anterior, Jacob le confesó a Dios que tenía miedo (Gn 32.11). Luchó con el tema del control. Acababa de orar y pedir ayuda a Dios, y lo próximo que sabemos de él es que estaba orquestando sus propias estrategias para asegurarse de estar a salvo. Estaba a punto de encontrarse con su hermano después de veinte años, pero le informaron que Esaú venía con cuatrocientos hombres (Gn 32.6). Podemos imaginar a Jacob temblando de miedo. Entonces preparó una estrategia que implicaba la adecuada 'disposición' de sus hombres, incluyendo regalos para Esaú. A continuación, puso en riesgo la vida de su propia familia cuando cruzó el río Jaboc de noche, un río que según algunos eruditos es torrentoso (Gn 32.22–23). Solo alguien con la mente perturbada lo cruzaría de noche[13].

Por lo que Jacob había hecho muchos años atrás (obtener por medio del engaño la bendición destinada a Esaú), podemos entender por qué tenía tanto miedo. Era alguien que luchaba constantemente con otras personas. Luchó con su hermano y, luego, con su tío. Pero lo que llama la atención de este hombre es que no solamente luchaba consigo mismo y con otras personas: también luchó con Dios. En ese enigmático encuentro entre Jacob y un ser celestial (Gn 32.22–32), a quien el relator más adelante identifica con Dios mismo, vemos a Jacob como el luchador por excelencia.

Podríamos suponer que, a medida que Jacob maduraba, sus luchas habían menguado. Por el contrario, se intensificaron a medida que progresaba su travesía. La primera vez que Dios se le reveló fue en un sueño, mientras dormía. Fue un encuentro sereno y apacible. La siguiente vez que Jacob tuvo un encuentro con Dios, años después, estaba bien despierto. Este encuentro estuvo lejos de ser sereno, aquí Jacob luchó con Dios mismo. Para muchos de nosotros, cuanto más

---

13 Gordon J. Wenham, *Genesis 16-50* (Dallas, TX: Word Books, 1994), 292.

crecemos en la relación con Dios, más desafiante parece la vida y más profundas se sienten las luchas. Estas toman formas más sutiles a medida que crecemos en la fe. No hay vuelta atrás para el creyente fiel. Luchamos contra el miedo, contra las épocas de desaliento. Nos sentimos tristes y lloramos. Como Jacob, luchamos con otros, con el tema de la ira y la rebeldía, y luchamos con Dios. Pero en todas nuestras luchas, como vimos en los capítulos anteriores, no nos rendimos. Enfrentamos nuestras luchas. Enfrentamos nuestros temores. Reconocemos la lucha que tenemos con las dificultades económicas y las emocionales. Lo que es más importante: venimos ante Dios con nuestras luchas. Tal como Jacob, luchamos con Dios. Y en su presencia somos transformados, porque no aflojamos hasta que Dios nos bendice.

Encuentro con un salmo

Lee el Salmo 13.

- En nuestro salmo leemos: '¿Hasta cuándo he de estar angustiado y he de sufrir cada día en mi corazón? ¿Hasta cuándo el enemigo me seguirá dominando?' (Sal 13.2). ¿Puede identificarse con la experiencia del salmista? ¿Hubo algún momento en su vida que haya orado por largo tiempo y, sin embargo, no recibió ninguna respuesta?
- Algunos cristianos consideran que porque ya están en Cristo no habrá más luchas. ¿Qué piensas de eso?
- ¿Por qué piensas que seguimos luchando como creyentes?
- ¿Cuáles son tus luchas en este momento? ¿Económicas? ¿Emocionales? ¿Hacer la voluntad de Dios? ¿Debilidad? ¿Otras? (nómbralas) ____
  También puede ser de ayuda compartir tus luchas con un amigo de confianza o un consejero. Cuando escondemos nuestras luchas, se convierten en nuestro lado oscuro.
- Aunque creemos en la realidad de nuestra experiencia de la liberación de Dios, también sabemos que es un proceso continuo. ¿Cómo se refleja ese proceso en el Salmo 31? Compara especialmente los versículos 1–8 y los versículos 9–18.
- ¿Cómo prepararías un sermón basado en el Salmo 31? (Encontrarás una guía en el Apéndice).

Capítulo 7

Está bien enojarse

—No puedes enojarte con ellos. Aunque nos han hecho daño, hay que seguir tratándolos con amor —le dijo Ricar a su esposa.

—Eso, ¿no es ser hipócrita? —soltó Ellen.

—No —respondió Ricar—. Hay que seguir mostrando el fruto del Espíritu Santo, no importa lo mal que otras personas nos traten.

Escuchamos a Ricar mientras nos contaba como él y su esposa habían intentado resolver un problema en su iglesia. Ricar había sido compañero mío en la Escuela Bíblica. No lo había vuelto a ver por más de una década, así es que me emocioné mucho cuando me pidió que me reuniera con él y otros dos compañeros de clase en un tiempo de fraternidad.

—Solo quiero compartir mi carga con alguien —nos dijo Ricar. Él y Ellen estaban de regreso en Filipinas desde hacía más de dos meses—. Ya no volveremos a nuestra iglesia en Canadá —dijo.

Ricar y su esposa habían servido en una iglesia en Canadá durante diez años. Bajo el liderazgo de un pastor principal filipino, habían hecho lo mejor posible por sostener la comunidad predominantemente filipina. Los primeros seis años habían sido muy ajetreados, como les sucedía a los discípulos en Marcos 6.31, tanto que ni siquiera tenían tiempo de comer por la cantidad de gente que iba y venía. También había sido un tiempo económicamente difícil para ellos. Siendo nuevos en Canadá, estaban constantemente ajustándose al elevado costo de vida y no recibían mucho dinero de la iglesia. A pesar de todo, Ricar y Ellen habían servido fielmente y soportado las dificultades. Con el paso del tiempo, su iglesia creció en membresía y en sus finanzas. Y al cabo de seis años la iglesia abrió una extensión en otra parte de Canadá. Ricar y Ellen fueron enviados a iniciar la nueva iglesia. Empezaron de cero nuevamente, con apenas ocho miembros, incluyendo ellos dos.

Los cuatro años que siguieron no fueron diferentes a los seis primeros de su ministerio. Sin embargo, después de esos cuatro años, su pequeña iglesia ya había crecido hasta alcanzar los 200 miembros.

—Además, el Señor bendijo económicamente a nuestra iglesia —testificó Ricar.

Mientras tanto, la iglesia madre había afrontado dificultades económicas en el esfuerzo de sostener su creciente ministerio. La prosperidad de la iglesia de Ricar pronto atrajo la atención del pastor principal. Pensando que la nueva iglesia podía ser un recurso para la iglesia madre, el pastor principal comenzó a visitar más seguido a la iglesia de Ricar, y a Ricar eso no le pareció nada extraño. Sin embargo, mientras él y Ellen estaban de vacaciones en Filipinas, el pastor principal se hizo con el liderazgo de la iglesia de extensión. Cuando el matrimonio regresó a Canadá, los demás líderes ya no los apoyaban; cada vez que Ricar hacía una propuesta, la bloqueaban automáticamente. Al comienzo, Ricar no pensó que fuera algo importante, pero una serie de hechos pusieron en evidencia que había un problema más profundo. Silenciosa y sutilmente, estaban siendo expulsados de la iglesia que habían levantado.

—Así que decidimos alejarnos —nos confió Ricar.

—¿Por qué tenían que irse? —pregunté yo. Y Ricar explicó:

—Era mejor que nos fuéramos, porque nuestra permanencia hubiera creado desunión en la iglesia; lo importante era mantener la unidad y la paz.

Prefirieron soportar su herida y su dolor, antes que causar desunión entre los miembros de la iglesia. Y eso fue lo que hicieron. Intentaron contener el dolor que experimentaban y compartirlo solamente entre ellos dos.

Esa noche, mientras regresaba a casa, yo sentía un peso en el pecho. Si algo anda mal, uno no se va sin más. Ricar y Ellen no habían hecho nada malo, y yo sentía que no debían haberse ido de su iglesia. ¿Hubiera estado bien que ellos se enojaran y expresaran su enojo? ¿Realmente tenían que quedarse callados y retirarse?

Lidiar con el enojo

Los filipinos no solemos confrontar a quienes nos han herido o hecho mal. Nos preocupa tanto la relación que tememos expresar lo que realmente sucede en nuestro corazón. Tenemos miedo de destruir nuestra relación con el otro. Nos guardamos para nosotros lo que sentimos. Por eso, aunque estemos enojados, no lo expresamos. Preferimos 'mantener la paz'. Mientras tanto, sufrimos.

Ricar nos contó que, cuatro meses antes, se había sometido a una cirugía. La presión, la tensión y todo el dolor de los últimos diez años le habían pasado factura. Las emociones no expresadas y la ira reprimida son realmente destructivas. El enojo fácilmente puede derivar en violencia y heridas; y con eso podemos destruir a los demás. Por otro lado, el enojo también puede destruirnos si no lo manejamos adecuadamente, como ocurrió con Ricar. ¿Cómo abordamos entonces el enojo de manera que no hiera a otros ni a nosotros mismos?

Siendo honestos sobre lo que sentimos. Necesitamos descargar el peso del dolor que tenemos en el corazón. Pero no tenemos que expresar la ira a quienes nos hicieron daño; por lo menos, no en el momento. Ricar hizo lo correcto al compartir su carga con nosotros. Sin embargo, debemos tener cuidado con quién compartimos nuestros sentimientos de enojo, ya que pocas personas pueden manejarlo bien.

Salmos de enojo

Es aquí donde los salmos de lamentación, especialmente aquellos que se conocen tradicionalmente como 'salmos imprecatorios' pueden ser de verdadera ayuda. En los salmos, las personas expresan su enojo a Dios sin censurarse, sin ninguna preocupación por estar o no 'mostrando los frutos del Espíritu

Santo'. Al expresar el enojo hay honestidad y apertura, lo cual muchas veces está ausente de nuestras comunidades.

Hablaremos de esto más adelante; mientras tanto, escuchemos los siguientes salmos imprecatorios:

> ¡Que sorprenda la muerte a mis enemigos! ¡Que caigan
> vivos al sepulcro, pues en ellos habita la maldad!
>
> *Sal 55.15*

> Que se les nublen los ojos, para que no vean; y que sus fuerzas flaqueen para siempre.
>
> *Sal 69.23*

> Que sean borrados del libro de la vida; que no queden inscritos con los justos.
>
> *Sal 69.28*

> El odio que les tengo es un odio implacable; ¡los cuento entre mis enemigos!
>
> *Sal 139.22*

Algunos lectores pueden sentirse impactados ante estas oraciones. ¿Acaso no estamos pecando contra Dios cuando expresamos nuestra ira de esa manera? Probablemente digan: 'Yo me enojo, pero nunca le he deseado la muerte a mi enemigo'. Bueno, probablemente no. Pero, con sinceridad, ¿no deseamos a veces que a quienes nos han herido los parta un rayo? (En tagalo decimos: '¡*Tamaan sana siya ng kidlat!*'). Eso suena parecido al Sal 55.15, salvo que no lo decimos en voz alta. Pensamos que no deberíamos hacerlo. Incluso cuando los cristianos estamos muy enojados, no lo decimos, ni siquiera a Dios. De hecho, hasta decimos cosas lindas sobre quienes nos han herido, frente a otros y a Dios. Decimos cosas como: 'Señor, bendícelo', aunque en nuestro corazón quisiéramos maldecirlos con un rayo que mate a esa persona.

¿Esconder nuestra ira de Dios?

No admitir ante otros que estamos enojados con alguien es comprensible, aunque no siempre es lo correcto. Pero ocultarle nuestro enojo de Dios, diciéndole que amamos a la persona con la que estamos enojados, e incluso orar para que Dios la bendiga, cuando en realidad la odiamos, ¿a quién creemos que engañamos? Con los demás, por lo menos, podemos esconder nuestro enojo; ellos no pueden saber lo que realmente sentimos. Es como estar en una red social como Facebook, donde podemos ocultar nuestros sentimientos (incluso, nuestra identidad) y proyectar cualquier imagen de nosotros que elijamos. Pero con Dios no podemos hacer eso: él nos conoce de pies a cabeza.

'No me llega aún la palabra a la lengua cuando tú, SEÑOR, ya la sabes toda' (Sal 139.4). No hay nada que podamos ocultar de Dios. Adán y Eva lo intentaron; se taparon con hojas, intentaron ocultar su pecado. Pero Dios sabe.

Cuando decimos al Señor: 'Amo a mi hermano/hermana. Oro para que lo/la bendigas', pero en realidad estamos muy enojados por adentro, ¿acaso no somos hipócritas? Sabemos que el enojo es pecaminoso cuando le permitimos escaparse de nuestro control y destruir a otros. El enojo también puede ser pecaminoso cuando lo mantenemos tanto tiempo que se convierte en amargura. Eso también puede ser destructivo: destruye a la persona enojada, como le ocurrió a Ricar. Y también puede destruir a otros, cuando explota como la erupción de un volcán. La ira no expresada siempre encuentra una salida.

El enojo también puede ser pecaminoso cuando lo negamos, cuando decimos que no estamos enojados, pero en realidad lo estamos. Algunos cristianos no reconocen que están enojados, a pesar de que es evidente entre quienes los rodean. Esas personas pueden tener miedo de estar enojadas, pensando que deben obedecer los mandamientos de Jesús, porque ¿acaso no nos ordenó 'amar a nuestros enemigos', y 'bendecir a quienes nos maldicen'? Además, ¿acaso el apóstol Juan no nos dijo en 1 Juan 3.12 y 15 que aquel que odia a su hermano es como Caín, que es un asesino? ¿Quién querría ser etiquetado de asesino?

Esta es, probablemente, una de las razones por la que muchos cristianos no quieren admitir que están enojados: No pueden imaginarse como asesinos. Por lo tanto, ocultan su ira, niegan su existencia. De esa manera, se ven bien frente a los demás y pueden mantener sus buenas relaciones. También quieren mostrarse buenos, santos y amables ante Dios. Por eso, en sus oraciones dicen cosas lindas de quienes los han herido. En esas personas, el problema es más profundo que el enojo, es el orgullo.

Por favor no me malinterpretes. No estoy diciendo que necesitamos orar para que les vaya mal a otros; tampoco orar para que nuestros enemigos sean partidos por un rayo. Lo que estoy diciendo es que no ayuda ser deshonesto con lo que realmente tenemos en el corazón. De todas maneras, Dios sabe lo que hay en nuestro corazón. Desde el instante en que pedimos a Dios que bendiga a quienes nos han herido, desde el momento que decimos que los amamos, Dios ya está diciendo: 'Querida hija, sé lo que hay en tu corazón. Está bien, puedes ser honesta conmigo'. Porque, aunque digamos cosas lindas de otros a Dios, podemos estar haciéndolo con ojos furiosos y los dientes apretados. Una alternativa mejor es ir a Dios y decirle honestamente lo que sentimos, incluyendo lo que queremos que pase con la persona en cuestión. Dios no es necio, no hará el daño que uno le está pidiendo. No mandará un rayo para matar a esa persona. Es un Dios justo y amoroso, que sabe y comprende que simplemente estamos enojados en ese momento.

Aquí no se trata tanto de cómo responda Dios, sino de qué ocurre en nosotros cuando somos sinceros con él en cuanto a lo que verdaderamente sentimos. Por un lado, eso nos hace humildes. Enfrentar el enojo es, en realidad, una experiencia de humildad, y no es fácil. Eso es particularmente válido para líderes que son conocidos como ejemplo de amar a otros: no es fácil para ellos admitir el enojo. Ser sinceros con nosotros mismos y con Dios respecto a nuestro enojo, puede ser un proceso difícil, pero es necesario.

Los salmos procesan nuestro enojo

Los expertos en el manejo de la ira aconsejan que, cuando estamos enojados, debiéramos respirar hondo y contar hasta diez para evitar actos violentos innecesarios o explosiones repentinas de ira, cuyos efectos luego lamentaríamos. Yo sugiero que cuando estamos enojados, vayamos a Dios, le digamos lo que hay realmente en nuestro corazón y lo que sentimos. A lo mejor, también podemos respirar hondo y, al hacerlo, pronunciar nuestra oración. Una vez más, te preguntarás: *¿Qué digo? ¿Cómo oro?* Es aquí donde pueden ayudarnos los salmos imprecatorios.

Los salmos imprecatorios nos ayudan a procesar el enojo. Es importante recordar lo siguiente: Como creyentes, necesitamos ser amables. Jesús nos ordena amarnos unos a otros. Es amándonos unos a otros que el mundo sabrá que somos sus discípulos. Pero también sabemos que amar a otros no es fácil. Puede ser una tarea larga y ardua. ¿Qué hacemos cuando estamos enojados con alguien que sabemos que deberíamos amar? Algunos cristianos citan el pasaje de Efesios 4.26 que dice que no debemos permitir que el sol se ponga sobre nuestro enojo. Entonces, aunque no estemos bien ¿debemos abrazarnos unos a otros y decir que sí lo estamos? Eso puede ayudar momentáneamente, pero todavía tendremos que ocuparnos de cualquier asunto que enfrentamos.

Lo que hacen los salmos de lamentación, y los salmos imprecatorios en particular, es ayudarnos a procesar nuestro enojo autorizándonos a estar enojados. El hecho de que se hayan preservado en las Escrituras esas oraciones nos dice que tienen un propósito. De otra manera, hubieran sido eliminados del Libro Sagrado. Esas oraciones nos dicen que está bien enojarse. Está bien expresar nuestra ira a Dios.

Uno de mis estudiantes reaccionó cuando enseñé sobre los salmos imprecatorios. Dijo que no debemos guardar un registro de las cosas malas. Lo asombroso es que parece que ¡ya tenemos un 'registro' de lo malo (de las expresiones de ira) reservado en las Sagradas Escrituras! ¿Por qué es eso? Creo que es porque Dios nos entiende y prefiere que seamos honestos sobre lo que realmente sentimos, a que neguemos nuestros sentimientos. Cuando venimos ante Él para admitir nuestro enojo e incluso llegamos al punto de pronunciar palabras realmente airadas para expresar nuestras emociones, nos humilla, pero, a la vez, nos alienta porque hay alguien que comprende lo que sentimos.

C. S. Lewis pensaba que la gente que había pronunciado las oraciones imprecatorias en los salmos pecaba. Otros eruditos no piensan lo mismo. En realidad, no lo sabemos, porque solo Dios conoce nuestro corazón. Él es quien ve nuestros más íntimos pensamientos. No obstante, si estos autores ciertamente estaban pecando cuando expresaron esas palabras, ¡es sorprendente que se haya permitido que sus oraciones se conservaran en las Sagradas Escrituras! El contenido de esas oraciones puede ser impactante para algunos. Pero yo creo que nos dice que tenemos un Dios que comprende lo que estamos pasando. Él permite que luchemos. Como hemos visto en el capítulo anterior, está bien luchar. Lo más importante es que nos permite ser pecadores, es decir, permite que nos acerquemos a él como pecadores, porque eso es lo que somos.

Quiero ser claro: no estoy diciendo que Dios tolera que sigamos siendo pecadores, o que tolera el mal y el pecado. Pero el hecho es que hay momentos en los que, por mucho que intentemos, el persistente poder del mal sigue ahí. El problema surge cuando no se nos permite admitir que somos pecadores. No se nos permite ser pecadores en la iglesia. Fingimos que ya estamos bien cuando, en realidad, no lo estamos. En algunas comunidades cristianas, no está permitido ser débil; no se premia el mostrar enojo. Como resultado, uno se siente solo. Te sientes culpable cuando escuchas historias de personas que aman a quienes los han tratado mal. Pero me gustaría decirte que con el Señor se puede ser honesto; se puede ser uno mismo y seguir siendo aceptado.

Pero Dios también sabe cuánto nos cuesta ser sinceros. Como cuando estamos deprimidos, no es fácil encontrar las palabras que expresen nuestro dolor, nuestro miedo o nuestra ira. Es por eso que el Señor nos provee las palabras en la Biblia, para que podamos usarlas en nuestra oración. Al darnos palabras de oración a través de los salmos de lamentación, Dios nos desafía a enfrentar nuestro enojo. Y al hacerlo, al repetir esas oraciones imprecatorias, nuestro enojo comienza a adquirir un 'nombre'. Tal como la experiencia del autor en el Salmo 57, cuando podemos 'nombrar' nuestro enojo, de alguna manera comenzamos a dominarlo. Cuando sabemos que estamos enojados, podemos lidiar con eso, primero en la presencia del Señor.

A medida que abrimos nuestro corazón a Dios con honestidad sobre lo que sentimos, también tomamos conciencia de nuestro corazón. Descubrimos que no somos perfectos, que también nosotros somos pecadores. Es por eso que después que el salmista expresó palabras de odio en el Salmo 139.22, 'El odio que les tengo es un odio implacable; ¡los cuento entre mis enemigos!', oró: 'Examíname, oh Dios, y sondea mi corazón; ponme a prueba y sondea mis pensamientos. Fíjate si voy por mal camino...' (Sal 139.23–24). Esa es una de las cosas buenas de ser sinceros con el Señor: Los ojos de nuestro corazón se vuelven capaces de ver más allá de nuestro enojo hacia la persona que odiamos. Tomamos conciencia de nuestro propio corazón, de cómo también nosotros necesitamos la misericordia y la gracia de Dios. Experimentamos un cambio en nosotros mismos.

En varios salmos de lamentación notamos ese cambio. Lo vemos incluso en los salmos imprecatorios más impactantes de la Biblia, como el Salmo 109. Creo que si hay tal cosa como un salmo 'apto solo para personas maduras' sería este. Solo observemos algunos de los pedidos aquí:

Que se acorten sus días,
    y que otro se haga cargo de su oficio.
Que se queden huérfanos sus hijos;
    que se quede viuda su esposa.
Que anden sus hijos vagando y mendigando;
    que anden rebuscando entre las ruinas.
Que sus acreedores se apoderen de sus bienes;
    que gente extraña saquee sus posesiones.
Que nadie le extienda su bondad;
    que nadie se compadezca de sus huérfanos.
Que sea exterminada su descendencia;
    que desaparezca su nombre en la próxima generación.

Sal 109.8–13

Estas son unas de las palabras más espantosas de la Biblia y es por eso que algunos no aconsejan incluirlas en las lecturas litúrgicas. Pero lo que encontramos al final de ese salmo es un cambio. Vemos la siguiente oración:

Por mi parte, daré muchas gracias al Señor;
    lo alabaré entre una gran muchedumbre.
Porque él aboga por el necesitado
    para salvarlo de quienes lo condenan.

Sal 109.30–31

Al expresar estas palabras, y por ser honesto con Dios sobre lo que siente, al final el salmista siente que hay alguien que lo comprende, que siente lo que él siente: 'Porque él aboga por el necesitado' (Salmo 109.31). Todos necesitamos que alguien nos escuche cuando estamos enojados, pero también conocemos muy pocas personas que pueden soportar nuestro enojo. La buena noticia es que Dios puede. Cuando somos sinceros con él, reconociendo humildemente ante él lo enojados que estamos, experimentamos un cambio en nuestro interior.

Encontramos el mismo cambio en otro salmo, el Salmo 28. Observa que en estos versículos el salmista pronuncia una oración imprecatoria, pidiéndole a Dios que retribuya a la gente mala por sus acciones.

> Págales conforme a sus obras,
>   conforme a sus malas acciones.
> Págales conforme a las obras de sus manos;
>   ¡dales su merecido!
> Ya que no toman en cuenta las obras del Señor
>   y lo que él ha hecho con sus manos,
> él los derribará
>   y nunca más volverá a levantarlos.
>
> *Sal 28.4-5*

Luego, inmediatamente, en los versículos siguientes, leemos estas palabras:

> Bendito sea el Señor,
>   que ha oído mi voz suplicante.
> El Señor es mi fuerza y mi escudo;
>   mi corazón en él confía;
>   de él recibo ayuda.
> Mi corazón salta de alegría,
>   y con cánticos le daré gracias.
>
> *Sal 28.6-7*

¿Cómo se puede pasar de maldecir a bendecir después de un solo versículo? ¿Cómo se puede cambiar repentinamente de ser una persona enojada a una persona que alaba? Creo que aquí tenemos otra demostración de que expresar nuestro enojo ante Dios puede generar un cambio en nuestro interior. El erudito alemán F. Heiler explica este cambio de ánimo en términos de un cambio psicológico[1]. Al abrir nuestro corazón al Señor, algo ocurre en nuestro interior. Por supuesto, no sucede instantáneamente. Los versículos del Salmo 28 pueden representar el largo proceso de orar y de ser honestos con Dios por el que el salmista tuvo que pasar, antes de alcanzar el nivel desde donde podía dejar atrás su enojo a ver la grandeza de Dios y bendecirlo. Cuando derramamos ante el Señor nuestro enojo, nuestro corazón se transforma y nuestros ojos se aclaran. Podemos

---

[1] F. Heiler, *Prayer: A Study in the History and Psychology of Religion*, ed. y trad. Samuel McComb (Londres: Oxford University Press, 1932), 259.

ver mejor y con esperanza, podemos amar a nuestro hermano o hermana.

¿Orar pidiendo castigo?

Quizás, alguno dice: 'Eso es fácil para ti, porque no te tocó ser víctima; no has perdido un integrante de la familia a causa de la violencia de alguien'. Una cosa es abrir nuestro corazón al Señor para poder pasar del enojo al amor hacia otra persona; otra es desear y orar a Dios para que castigue a otra persona.

Recuerdo estar mirando un grupo de líderes cristianos reunidos para una ronda de oración en TV. Fue durante las elecciones nacionales de 2010 en Filipinas. Uno de los obispos gritaba mientras oraba: '*¡Ibagsak Mo sila, Panginoon!*' ('¡Oh Señor, derrócalos!'). Se refería a los candidatos y funcionarios corruptos. Esa gente del gobierno le había causado daño a él, en lo personal, de manera que el obispo no estaba 'procesando' su enojo. Más bien, le pedía a Dios que derrocara a esos líderes corruptos. ¿Está bien orar así?

En realidad, la Biblia misma contiene oraciones que piden a Dios que castigue a los malvados. Además del Salmo 28.4–5, encontramos oraciones similares a la de obispo:

> Pero no los mates,
> para que mi pueblo no lo olvide.
> Zarandéalos con tu poder; ¡humíllalos!
> ¡Tú, Señor, eres nuestro escudo!
>
> *Sal 59.11*

> ¡Rómpeles el brazo al malvado y al impío!
> ¡Pídeles cuentas de su maldad,
> y haz que desaparezcan por completo!
>
> *Sal 10.15*

> Pero Dios te arruinará para siempre;
> te tomará y te arrojará de tu hogar;
> ¡te arrancará del mundo de los vivientes!
>
> *Sal 52.5*

Se capta mejor la idea del Salmo 52.5 en filipino:

> *Ngunit ilulugmok ka ng Diyos magpakailanman, aagawin*
> *at hahatakin ka niya mula sa iyong tolda, at bubunutin ka*
> *niya sa lupain ng mga buháy.* (ABAB)

Una vez más, como las oraciones anteriores, estas palabras pueden ser impactantes para algunos. Pero hoy el problema es que conocemos solo un tipo de oración: la bendición.

Incluso cuando nuestro presidente y sus funcionarios son corruptos, por ejemplo, seguimos orando para que Dios los bendiga. En una oportunidad asistí a un desayuno de oración en el Palacio de Malacañang, donde tiene su oficina el presidente de Filipinas. En ese tiempo era un presidente corrupto. Pero observé que cuando llegó el momento de la oración, todas las oraciones eran positivas, todas pedían bendición: bendice al presidente, bendice a los miembros del gabinete, bendice al gobierno. No estoy diciendo que no debemos pedir a Dios que bendiga a nuestro presidente y a nuestro gobierno. El problema viene cuando ese es el único tipo de oración que conocemos, cuando seguimos orando la misma oración una y otra vez sin preguntarnos: '¿Esta es la oración adecuada para esta situación en particular?'. Así como en nuestra reacción ante las tragedias, cuando seguimos entonando canciones alegres incluso en medio del intenso sufrimiento, al tratarse de nuestros gobiernos solo sabemos oraciones de bendición.

Ahora bien, por favor no me malinterpretes, no estoy incitando a la rebelión. Pero es mucho mejor orar para que Dios castigue a los malvados, que castigarlos por nuestra cuenta. En lugar de ponernos en el papel de jueces, vayamos a Aquel que es justo y pidámosle que haga algo por la situación.

¿Nos importa realmente?

Por otra parte, orar continuamente pidiendo la bendición (incluso cuando hay tanta corrupción en el gobierno) puede significar que en realidad no nos importa lo que está ocurriendo. No nos importa que los malvados sigan en su camino de maldad. No nos importan los que sufren a consecuencia de la corrupción. Yo creo que es importante detenernos y analizar lo que realmente decimos en nuestras oraciones.

Lo que decimos a Dios en nuestras oraciones refleja lo que creemos, modela nuestra comprensión y dirige nuestra forma de compromiso. Si seguimos orando para que Dios bendiga a nuestro gobierno, aunque sea corrupto, eso dice algo acerca de nuestra propia visión de lo que es correcto. Alguno puede decir: '¿Por qué no oramos para que Dios transforme a nuestros líderes corruptos?'. Bueno, pedir a Dios que los derroque puede ser parte de lo que significa desear que sean transformados.

Creo que una de las razones por las que no hay cambios en nuestro país es porque no oramos bien: toleramos el mal; inclusive, lo perpetramos y participamos en él. Esta también puede ser la razón por la que los malvados y los corruptos que nos rodean (no solamente los que están en el gobierno) no tienen temor de Dios. No importa lo que hagan, seguimos orando para que Dios los bendiga. ¡Qué afortunados son, entonces! Estoy de acuerdo con lo que me dijo un funcionario de la Junta Electoral: El motivo por el que el gobierno no les teme a los cristianos es porque solo oramos pidiendo bendiciones, somos tan buenos… No conocemos el enojo.

El valor transformador del enojo

El valor de las oraciones imprecatorias es que no solo nos ayudan en el proceso de avanzar hacia el amor por los que nos han hecho daño, sino que también nos enseñan el valor transformador del enojo. Como nos lo recuerda la teóloga Beverly Wildung Harrison: 'Nunca debemos perder de vista el hecho de que toda actividad moral seria, especialmente la acción por el cambio social, determina su rumbo a partir del poder creciente de la ira humana'[2]. Hay ira en las oraciones de los salmos imprecatorios. No se los puede leer sin identificarse con su enojo. Cuando el salmista ora diciendo: '¡Rómpeles el brazo al malvado y al impío!', o '¡Derríbalos!', no lo dice con suavidad. Está orando como el obispo, gritando, '*¡Ibagsak Mo sila, Panginoon!*' [¡Derrócalos, oh Señor!]. Y este puede ser uno de los motivos de por qué a algunos cristianos no les gustan las oraciones imprecatorias. Orar los salmos imprecatorios requiere que llevemos una vida justa.

---

2 Whitehead y Whitehead, *Shadows of the Heart*, 47.

Es difícil hacer esas oraciones si uno mismo practica las cosas contra las que está orando.

Para poder apreciar los salmos imprecatorios, primero debemos entender quiénes son esos malvados a los que se refieren. Luego necesitamos entender la situación de las personas que profieren esas oraciones. Más atrás cité los Salmos 52 y 10. De estos dos salmos entendemos que los malvados son quienes:

1. son 'prepotentes' (Sal 52.1).
2. 'practican el engaño' (Sal 52.2) en términos filipinos son 'corruptos'.
3. 'más que el bien, aman la maldad' (Sal 52.3).
4. 'se afirman en su maldad' (52.7b).
5. se aprovechan de los pobres: 'Con arrogancia persigue el malvado al indefenso' (Sal 10.2a).
6. son jactanciosos
    *   Se jactan de sus antojos, 'hace alarde de su propia codicia' (Sal 10.3a).
    *   "Se dice a sí mismo: 'Nada me hará caer. Siempre seré feliz. Nunca tendré problemas'" (Sal 10.6).

7. son avaros: 'alaba al ambicioso y menosprecia al Señor' (Sal 10.3).

    Mientras escribo esto, algunos generales del ejército están siendo investigados por recibir sumas millonarias de dinero como *'pabaon'* (regalos). Si eso es cierto, es terrible que oficiales de alto rango puedan amasar esos montos de dinero mientras muchos de nuestros soldados sufren por falta de provisiones y beneficios. La gente puede ser perversamente codiciosa.

8. no tienen temor de Dios
    *   'maldice y desprecia al Señor' (Sal 10.3b, DHH).
    *   "Levanta insolente la nariz, y dice: 'No hay Dios. No hay quien me pida cuentas'" (Sal 10.4, DHH).
    *   'Todas sus empresas son siempre exitosas' (Sal 10.5a).

No es que la persona malvada sea atea, pero actúa como si no hubiera un Dios. Siempre sale adelante actuando con engaño, y hasta prospera de esa manera. Es por eso que no tiene temor de Dios. ¿Cuántas personas conocidas e influyentes han sido puestas en prisión por sus actos de corrupción? Apuesto a que muy pocas.

9. asesinan al inocente

    •   'Se pone al acecho en las aldeas, se esconde en espera de sus víctimas, y asesina a mansalva al inocente. Cual león en su guarida se agazapa, listo para atrapar al indefenso; le cae encima y lo arrastra en su red. Bajo el peso de su poder, sus víctimas caen por tierra' (Sal 10.8–10).

Cuando leo esas palabras no puedo dejar de pensar en lo que ocurrió en la provincia de Maguindanao el 23 de noviembre de 2009. Cincuenta y siete personas fueron brutalmente asesinadas, treinta de los cuales eran periodistas[3]. Habían estado acompañando a la esposa de un candidato al gobierno que se dirigía a presentar el certificado de candidatura de su esposo. Era una noticia importante, por eso estaba siendo cubierta por numerosos reporteros. Había mujeres entre las víctimas, una de ellas embarazada. ¿Quién hubiera pensado que todos serían asesinados? Pero lo horrible, lo impensable, ocurrió. Ese día los filipinos ganaron el infame récord del mayor número de periodistas asesinados en un día. El asesinato, obviamente, había sido premeditado y se cometió sin ninguna piedad. Los asesinos enterraron las víctimas mientras algunas aún estaban vivas, porque cuando después se sacaron los cuerpos de la tierra, la mano de una mujer todavía estaba extendida hacia afuera, indicio de que había sido enterrada viva.

Esto es lo que tienen en mente los autores de los salmos imprecatorios cuando dicen '¡Derríbalos! ¡Rómpeles el brazo a los malvados!'. Ese es el tipo de personas contra las que se dirigen los salmos imprecatorios. Sí, se nos manda amar a los demás, especialmente a nuestros enemigos. Pero la Biblia también enseña que Dios es justo. De manera que esas oraciones deben entenderse en el campo de la justicia de Dios. Podemos entender por qué las personas hacen esas oraciones cuando miembros de su familia han sido asesinados.

Recientemente, tuve la oportunidad de enseñar en una ciudad cerca del área en Maguindanao donde ocurrieron esas matanzas. Un estudiante relató su experiencia de ministrar a un familiar de una de las víctimas. Una noche, estaba dirigiendo un estudio bíblico sobre el

---

[3] La víctima número cincuenta y ocho todavía no se ha encontrado.

perdón y el amor, cuando una joven mujer presente rompió a llorar. Él se le acercó y le preguntó qué ocurría; mi alumno no sabía que esa joven era hija de uno de los que habían sido masacrados. ¿Cómo se puede predicar sobre el perdón y el amor a esa joven? No hay palabras para expresar el dolor y la tristeza.

Ya se ha arrestado a algunos de los sospechosos y se los está procesando por su participación en la masacre. Uno de ellos era el gobernador en funciones. No importa cómo resulte el juicio, los familiares de las víctimas saben que nada les devolverá a sus seres queridos. En una oportunidad, un periodista le preguntó a la esposa de uno de los asesinados si había perdonado a los perpetradores. Ella respondió: 'Aunque los perdone, ya no tengo un esposo que llegue a casa y me abrace'. Ella quedó con cinco niños, y había días que no tenía para darles de comer. Aunque pudiera perdonarlos, decía ella, ¿cómo podría criar sola a sus cinco niños preciosos? No hay palabras que puedan expresar tanto dolor y tristeza.

Todavía es incierto si las víctimas y las familias alguna vez recibirán la justicia que merecen. Uno de los abogados defensores de las víctimas de Maguindanao me dijo que, al paso que va el juicio, pueden pasar cien años antes de que haya una sentencia. El sistema judicial de nuestro país puede ser desesperante. Por situaciones como esta los salmos imprecatorios son importantes, porque ofrecen esperanza a quienes han sufrido injusticias. Al clamar a Dios en su dolor y su desesperación, los que sufren pueden continuar poniendo su fe en Dios, que promete que algún día proporcionará verdadera justicia. Puede que no sea en esta vida, pero, con toda seguridad será en la próxima.

Exponer el mal

Cuando pronunciamos las oraciones imprecatorias exponemos el mal y la violencia que hay en medio de nosotros[4]. La violencia es muy real, ocurre no solamente en zonas muy lejanas asoladas por una guerra, sino también en nuestro vecindario. Lo que pasa es que no queremos hablar de eso o, tal vez, no nos importa porque estamos bien. Recuerdo

---

4 ·Erich Zenger, *A God of Vengeance? Understanding the Psalms of Divine Wrath* (Louisville, KY: Westminster John Knox Press, 1996).

haber dirigido un estudio bíblico con un grupo de cristianos británicos. Estaba hablando de las oraciones imprecatorias cuando uno de ellos dijo: 'No puedo entender que haya gente tan herida y quebrantada; ¿cómo pueden pronunciar palabras tan duras?'.

Orar los salmos imprecatorios nos aúna con los que sufren. Damos esperanza a las víctimas y exponemos las obras del mal. Lo que hemos visto en los salmos es cómo el pueblo de Dios procesa su ira en presencia del Señor. No consideran que sus experiencias de tristeza, miedo y enojo sean ajenas a la presencia de Dios. Son esas experiencias 'negativas' las que constituyen el tema y el núcleo mismo de su conversación con Dios. Los autores de los salmos imprecatorios hablan con Dios sobre lo desanimados que se sienten. Admiten ante él que tiemblan continuamente de miedo. Reconocen sus luchas. Le dicen a Dios lo enojados que están, cómo se sienten acerca de lo que sus enemigos les han hecho y lo que realmente quisieran que les ocurriera a esas personas.

Pero, ¿qué pasaría si alguno estuviera enojado con Dios mismo? ¿Está bien enojarse con Dios? ¿Está bien cuestionar a Dios? Analizaremos esto en el siguiente capítulo.

Encuentro con un salmo

Lee el Salmo 10.

- ¿Cómo sueles manejar tu enojo?

- ¿Alguna vez le has dicho a Dios que estás muy enojado con alguien? ¿Has intentado orar pidiendo que le ocurra algo malo a esa persona? ¿Qué piensas acerca de hacer eso? ¿Crees que está bien expresar nuestro enojo ante Dios?

- ¿Qué piensas acerca de orar para que Dios derroque a los funcionarios gubernamentales corruptos o malos? (Por ej.: Salmo 10.15: '¡Rómpeles el brazo al malvado y al impío!') ¿Piensas que como cristianos deberíamos orar seriamente en nuestras iglesias para que eso ocurra?

- ¿Estás enojado con alguien en este momento? El consejo en este capítulo es que expreses su enojo al Señor. Dedica este tiempo a abrir tu corazón al Señor. Dile lo que realmente sientes por la persona que te ha hecho daño. Puedes escribir esto en un diario personal.

- Jesús nos ordenó amar a nuestros enemigos. ¿Cómo conciliamos eso con las oraciones imprecatorias en los salmos?

- ¿Cómo predicarías los salmos imprecatorios? ¿O no predicarías sobre ellos en absoluto?

- ¿Qué mensaje o mensajes podemos sacar de los salmos imprecatorios? ¿Puedes citar situaciones donde este tipo de pasajes podrían hablar poderosamente?

Capítulo 8

Está bien cuestionar a Dios

—Si Dios es todopoderoso y bueno, ¿por qué no intervino y salvó a mi padre de la muerte? ¡Mi padre era un hombre bueno y recto!

Mientras hablaba, la mujer lloraba, prácticamente a los gritos. Fue durante el servicio fúnebre de su padre. La mayoría de las personas presentes eran creyentes y la escuchaban en silencio. Muchos de ellos eran cristianos y estaban anonadados. Estaban acostumbrados a oír hablar de la bondad de Dios: 'Dios es siempre bueno, siempre. Dios es bueno'. Y escuchar de pronto afirmaciones que cuestionaban la bondad y la justicia de Dios y sus actos los ponía incómodos.

¿Cómo reaccionamos a las palabras acusadoras dirigidas hacia Dios? ¿Está bien hacer afirmaciones como las que hizo esa mujer? ¿Cómo nos manejamos cuando nuestras palabras airadas provienen de nuestro propio corazón? ¿Está bien enojarse con Dios? Si la frase 'enojarse con Dios' es demasiado fuerte para usted, podemos decir: ¿está bien sentirse mal con Dios? ¿Está bien cuestionarlo?

En los capítulos anteriores he intentado mostrar que está bien estar desanimado, está bien estar triste y llorar, y también está bien enojarse con otros. Cualquiera sea nuestra situación, la podemos llevar ante Dios. Podemos decirle lo desanimados y enojados que estamos con otra persona. Podemos lamentarnos por nosotros mismos y por otras personas ante Dios. La pregunta es: '¿podemos lamentar contra Dios?' Yo creo que este es el dilema más duro. Cuando luchamos con nosotros mismos y con quienes odiamos, podemos derramar nuestro corazón ante Dios. Y cuando estamos solos y tristes, podemos clamar a él. Cuando nuestros enemigos nos tratan injustamente, podemos sincerarnos con Dios acerca de lo que sentimos. Hasta podemos orar para que Dios castigue a los malvados. Pero si es Dios mismo de quien nos estamos quejando, ¿adónde vamos? ¿Nos quejamos de Dios ante Dios mismo? ¡Dios es la Corte Suprema de todas nuestras cortes supremas!

En los viejos tiempos de Corea, muchas comunidades tenían un gran tambor llamado *Shinmungo*, que significa 'el tambor para escuchar el grito de socorro del pueblo'[1]. Cualquiera que era maltratado por sus vecinos o por las autoridades podía golpear el tambor para llamar la atención del rey a lo que sucedía y pedirle que interviniera en la situación. De manera que, cada vez que alguien sufría una injusticia de cualquier tipo, tocaba el tambor para avisar al rey. ¡Ojalá tuviéramos un tambor así aquí en Filipinas! Pero ¿qué pasaba si era el mismo rey el motivo de la queja? En ese caso, ¿podían los antiguos coreanos tocar el *Shinmungo*? De manera similar, ¿podemos expresarle a Dios nuestros lamentos y nuestra ira contra él?

Los lamentos contra Dios en la Biblia

Asombrosamente, lo que encontramos en la Biblia es que las personas no solo se lamentaban sobre sí mismas y sus enemigos, sino que también se lamentaban contra Dios[2]. Un ejemplo de ello es el Salmo 42/43. Aquí el salmista:

- Se lamenta de sí mismo: '¿Por qué estoy desanimado? ¿Por qué está tan triste mi corazón?' (Sal 42.5, NTV).

- Se lamenta sobre su enemigo: "¿Por qué debo andar de luto y oprimido por el enemigo?... ante la burla de mis adversarios, mientras me echan en cara a todas horas: '¿Dónde está tu Dios?'" (Sal 42.9b–10).

- Se lamenta sobre Dios a Dios mismo: "Y le digo a Dios, a mi Roca: '¿Por qué me has olvidado?' (Sal 42.9a). 'Tú eres mi Dios y mi fortaleza: ¿Por qué me has rechazado?'" (Sal 43.2a).

---

[1] Chung-Choon Kim, "God's Suffering in Man's Struggle", en *Living Theology in Asia*, ed. John C. England (Londres: SCM, 1981), 17.

[2] Claus Westermann, "The Complaint against God", en *God in the Fray: A Tribute to Walter Brueggemann*, ed. Tod Linafelt (Mineápolis, MN: Fortress Press, 1998), 238.

Lo que hace diferente a nuestro Dios es que, aunque él es el Rey de reyes y Señor de señores, permite que su pueblo exprese los cuestionamientos honestos que tienen sobre él. Como veremos en la próxima sección, Abraham desahoga su corazón ante Dios cuando enfrenta su prolongada situación de falta de hijos. Moisés discute con Dios por su decisión de aniquilar a los israelitas. Habacuc golpea las puertas del cielo con sus enérgicos lamentos. Isaías pronuncia algunas de las palabras más duras de la Biblia. Y Jeremías cuestiona la ausencia de Dios, lo mismo que nuestro Señor Jesús.

Abraham fue sincero con Dios sobre lo que realmente sentía

¿Alguna vez tuviste la experiencia de recibir una promesa realmente especial? ¿La oferta de un buen trabajo con un salario elevado, una linda casa, tiempo para estar con tu familia de vacaciones en algún lindo lugar, un regalo para tu cumpleaños? Abraham recibió una de las promesas más especiales: Dios prometió darle muchos hijos. Dios incluso le dijo que sus descendientes serían tan numerosos como las estrellas del cielo y la arena a orillas del mar. 'Si puedes contar eso —dijo Dios a Abraham—, entonces podrás contar tus descendientes'.

La promesa de Dios era muy especial porque, en ese tiempo, cuantos más hijos uno tenía, más bendecido se consideraba. Desde luego, esto ya no es así, pero para la gente de la época de Abraham, los hijos traían seguridad y la certeza de un buen futuro. Por lo tanto, Abraham se habrá sentido realmente entusiasmado con esa promesa.

Pero Abraham esperó y esperó, y no ocurrió nada. No estaba haciéndose más joven, precisamente. Cuando recibió la promesa, ya tenía setenta y cinco años. ¡Esperar una promesa que no tiene fecha de llegada es una tortura! (Abraham tuvo que esperar veinticinco años desde el momento que recibió la promesa y la llegada de su hijo, ¡y tuvo la fecha específica del cumplimiento apenas un año antes!). Podemos imaginar su frustración, los largos meses y años de espera.

A lo mejor, piensas en Abraham como un hombre sumamente obediente y fiel. Pero hubo momentos en su vida en los que hubiera querido decir: '¡Basta! ¡Ya no aguanto más!'. Para Abraham, tener un hijo era todo. Aunque se había hecho muy rico (Gn 13.2), no era feliz.

Aunque tenía éxito y vencía a sus enemigos, eso nada significaba para él mientras no tuviera un hijo. Es por eso que, cuando Dios vino a él un día y le dijo: 'No temas, Abram. Yo soy tu *escudo*, y muy grande será tu recompensa' (Gn 15.1), Abraham le contestó al Señor: 'Señor y Dios, ¿para qué vas a darme algo, si aún sigo sin tener hijos, y el heredero de mis bienes será Eliezer de Damasco?' (Gn 15.2). Yo creo que esta pregunta de Abraham fue muy valiente. Fue valiente porque pudo decirle al Señor que no estaba satisfecho, que no estaba contento. Parece haber estado diciéndole a Dios: '¿De qué me sirve un escudo? ¿Qué son para mí todas estas victorias y riquezas sin un hijo?'. Es como esas pequeñas tiendas *sarisari* [tiendas que ofrecen toda clase de objetos] en Filipinas, que tienen carteles como: 'El crédito está bien, pero necesitamos efectivo'.

¿Cómo tomó Dios la respuesta de Abraham? Podría haberle reprochado o regañado por responder de esa manera. Podría haberlo contradicho: '¿Sabes con quién estás hablando? ¡Soy el Señor del universo!'. Sorprendentemente, Dios no reprendió a Abraham ni se enojó con él. Dios sabía y entendía la lucha y la frustración de Abraham. Sabía que Abraham simplemente era honesto con él sobre lo que sufría y sentía respecto a todo el asunto. Y Dios honra ese tipo de honestidad. De hecho, lo que vemos a continuación es que Dios, en lugar de enojarse, le asegura a Abraham que va a tener un hijo propio y, también, muchos descendientes (Gn 15.4–5). Esto nos dice algo sobre la sabiduría y la paciencia de Dios: permite que su pueblo exprese sus sentimientos y pensamientos sinceros, incluso si contradicen lo que él les dice y quiere que sepan.

Moisés discute con Dios

Después que el Señor sacó a los israelitas de Egipto, hizo un pacto con ellos. Una relación de pacto es como el matrimonio: implica compromiso y sacrificio. Dios inició ese pacto buscando a los israelitas, salvándolos e invitándolos a ser su pueblo. Pero, así como Dios prometió hacer ciertas cosas por el pueblo, también hubo cosas que Dios requirió de ellos para que fueran un pueblo verdaderamente suyo. Estas cosas son las que conocemos como los Diez Mandamientos (Éx 20). Todos los israelitas aceptaron obedecer y guardar el pacto (Éx 24.7).

Entre los primeros mandamientos está el de no tener otros dioses, además del Señor. Lamentablemente, después de un corto tiempo, los israelitas violaron ese mandamiento. Impacientes y temerosos porque Moisés tardaba mucho en bajar de la montaña, fueron a Aarón, el hermano de Moisés, y le pidieron que les hiciera dioses que marcharan delante de ellos. Dijeron a Aarón: 'Tienes que hacernos dioses que marchen al frente de nosotros, porque a ese Moisés que nos sacó de Egipto, ¡no sabemos qué pudo haberle pasado!' (Éx 32.1). Observemos que describen a Moisés como el 'que nos sacó de Egipto'.

Asombrosamente, Aarón no frenó ni reprendió al pueblo por pensar en fabricarse ídolos. Simplemente, accedió. Con el oro de los collares y los aros de la gente, Aarón moldeó un becerro de oro. "Entonces exclamó el pueblo: 'Israel, ¡aquí tienes a tus dioses que te sacaron de Egipto!'" (versículo 4). Lo que están diciendo es que fue el becerro de oro (no Moisés) el que los sacó de Egipto.

Mientras tanto, Moisés estaba en la montaña con el Señor. Moisés no sabía qué sucedía abajo, en el campamento israelita. Pero Dios sí lo sabía y estaba enojado. Interrumpió su trato con Moisés y le ordenó que bajara: 'Baja, porque ya se ha corrompido el pueblo *que sacaste de Egipto*' (Éx 32.7). Observemos cómo Dios repite las mismas palabras que el pueblo había dicho de Moisés. Es un cambio respecto a lo que Dios había dicho antes en Éxodo 20.2: 'Yo soy el SEÑOR tu Dios. Yo *te saqué de Egipto*'[3]. Ahora parece que Dios le está diciendo a Moisés: 'No son mi pueblo, son tu pueblo. No quiero tener nada que ver con ellos. De todas maneras, te nombran a ti como el que los sacó de Egipto, no yo'. El Señor estaba tan enojado que le dijo a Moisés: 'Ahora quítate de en medio, para que mi ira feroz pueda encenderse contra ellos y destruirlos. Después, Moisés, haré de ti una gran nación' (Éx 32.10, NTV). Eso me recuerda las palabras de Jesús a Pedro, aunque utilizadas en una situación diferente: '¡Aléjate de mí, Satanás!' (Mt 16.23).

Imagine que Dios le pide que se haga a un lado. ¿Se quedaría ahí, estorbando al Señor? Pero Moisés no estaba dispuesto a permitir que Dios destruyera al pueblo. Incluso cuando el Señor le hizo la oferta atractiva de que después de destruir a los israelitas haría de Moisés una gran nación (Éx 32.10), Moisés no se hizo a un lado. Inclusive se puso a

---

3   El verbo en Éxodo 20.2 y 32.7 es el mismo.

discutir con Dios. Repitiendo la frase que ahora es popular, Moisés dijo: '¡Oh Señor!... ¿por qué estás tan enojado con tu propio pueblo, el que *sacaste de la tierra de Egipto* con tan gran poder y mano fuerte?'(ntv). Los israelitas habían dicho más temprano que era Moisés quien los había sacado de Egipto (Éxodo 32.1). Al rato, adjudicaron este acto de liberación al becerro de oro: '¡Oh, Israel, estos son los dioses que te sacaron de la tierra de Egipto!' (versículo 4). Entonces, en su enojo, Dios llamó a los israelitas 'tu (refiriéndose a Moisés) pueblo, el que sacaste de la tierra de Egipto' (versículo 7).

El crédito de liberar a los israelitas de Egipto ahora se ha convertido es una pelota de básquet que Moisés le devuelve a Dios, a quien piensa que pertenece. Pero lo hace citando la afirmación anterior de Dios en Gn 20.2, y luego agregando las palabras 'con tan gran poder y mano fuerte'. Al agregar esas palabras, ausentes en las primeras apariciones de la frase 'sacaste de la tierra de Egipto' (versículos 1, 4, 7)[4], Moisés le estaba diciendo a Dios: 'Señor, no soy yo, y definitivamente no es el becerro de oro. Solo tú puedes librarnos con tan gran poder y mano fuerte'.

Después de 'corregir' la afirmación de Dios, Moisés cuestionó la sabiduría de la acción de Dios: "¿Por qué estás tan enojado con tu propio pueblo? ¿Por qué dejar que los egipcios digan: 'Su Dios los rescató con la mala intención de matarlos en los montes y borrarlos de la faz de la tierra'?" (Éx 32.11–12). Observemos que pregunta dos veces a Dios '¿Por qué?' (La pregunta '¿por qué?' es un rasgo característico de los salmos de lamentación). En realidad, Moisés le estaba preguntando a Dios: '¿Qué dirán los otros pueblos si destruyes a los israelitas? ¿Por qué permitir que digan que los sacaste de Egipto solo para destruirlos en las montañas?'.

Moisés entonces suplica: 'Abandona tu ira feroz; ¡cambia de parecer en cuanto a ese terrible desastre con el que amenazas a tu pueblo!'. Al final, le pide a Dios que recuerde su pacto con sus antepasados (versículo 13)[5]. Sorprendentemente, Dios 'desistió'. El versículo 14 nos

---

4   There is also a small but significant change of verb in v. 11. Instead of the verb 'brought up' (vv. 1, 4, 7), Moses uses the word 'brought out' in v. 11 —exactly the same word used in Exodus 20.2. These two words have similar meaning but are two different words in Hebrew. And I think the change is deliberate to make a point.

5   La palabra hebrea traducida aquí por 'desistir' también puede significar 'cambiar de

dice que 'Entonces el Señor se calmó y desistió de hacerle a su pueblo el daño que le había sentenciado'. ¡Caramba! Dios no solo permite que su pueblo razone con él, lo cuestione y discuta con él, ¡también permite que le gane!

Dios no quiere cristianos que solo digan 'Sí Señor, sí Señor'

Lo maravilloso es que con nuestro Dios tenemos voz. Nuestra opinión cuenta. Lo que sentimos es importante para Dios. Esto es porque para Dios somos especiales. No nos ve como esclavos, sino como compañeros de pacto. Jesús les dice a sus discípulos: 'Ya no los llamo siervos… los he llamado amigos' (Jn 15.15). Como Dios nos tiene en alta estima, nos escucha. Dios no quiere seguidores que solo dicen 'sí'. El Señor no busca discípulos que solo dicen 'Sí, Señor; sí, Señor'. Quiere compañeros de pacto capaces de expresar lo que piensan y sienten.

Sé que esto no es fácil para los que venimos de una cultura que valora mucho el respeto por los mayores. En Filipinas usamos los términos de respeto '*po*' y '*opo*' cada vez que hablamos con un mayor. No se cuestiona a una persona mayor, mucho menos, a Dios. Sin embargo, uno puede llevar al extremo ese tipo de deferencia, al punto de que la autoridad del mayor es absoluta. Aunque sepamos que la persona mayor está equivocada, por ejemplo, nos inclinamos ante ella. (Por supuesto, también podemos ir al otro extremo y hasta un niño pequeño se puede dirigir a su abuelo simplemente como 'Pedro'. Algunos jóvenes hoy en día no tienen ningún respeto por los mayores).

Recuerdo que crecí en un sistema educativo donde los maestros eran la autoridad. Jamás se los cuestionaba ni se desafiaba su posición. De modo que, aunque a veces yo sabía la respuesta a la pregunta de la maestra, tenía miedo de ponerme de pie y responderla. Esto era más cierto todavía cuando tenía una pregunta propia acerca de la lección, o no estaba de acuerdo con la maestra. Nadie hubiera pensado siquiera dirigirse a la maestra de alguna manera que pareciera amenazar su autoridad. En casa, mis padres solían estar tan ocupados que no se

---

parecer', 'arrepentirse', 'ceder'.

detenían a escucharme cuando yo quería hablar con ellos. (Esto ha cambiado con los años, a medida que nos volvimos más abiertos entre nosotros y yo me sentí más valorado). A causa de eso, durante mi infancia hubo muchas oportunidades en que sentí que mis opiniones y puntos de vista no importaban. *¿Por qué entonces hablar?* Las autoridades estaban para ser respetadas en todo momento y el cuestionarlas socavaba su autoridad. De manera que no las cuestionaba en absoluto.

Es por eso que la historia de Moisés, de pie delante de Dios y con permiso para discutir con él y dar su opinión, es realmente liberadora y alentadora para mí. Frente a ese Dios, yo me siento empoderado. Soy valorado. Tengo voz. Y usted también tiene voz. Puede decirle lo que piensa y Dios lo escuchará.

Un lamento moderno contra Dios

Recuerdo un incidente de interés nacional. Nuestro presidente de ese momento había convertido su oficina en un casino. Corrían rumores de que en su 'gabinete de medianoche', como se lo llamaba, se repartían favores políticos entre tragos de bebidas blancas y corrupción en los niveles más altos del gobierno. Finalmente, se inició un juicio político con cargos de soborno, traición a la confianza pública, peculado y otras prácticas corruptas, y violación a la Constitución. Todo el país estaba pegado a los televisores mientras se desarrollaban los hechos. Era mejor que cualquier telenovela. Yo seguí todo el proceso por televisión con más interés que cuando miraba los campeonatos de baloncesto.

En una instancia en particular, se presentó un sobre cuyo contenido se decía que ofrecía pruebas de que el presidente estaba involucrado en actos de corrupción. Hubo un acalorado debate sobre la legalidad de abrir ese sobre. Al final, el Senado llevó a cabo una votación por el 'sí' o por el 'no' de la apertura del sobre. Lamentablemente, ganó el 'no'. Yo estaba furioso. Quería gritarles a los senadores que habían votado por el no. Me enojó mucho que se hubiera permitido ese resultado.

Al día siguiente, tuvimos un servicio en la capilla del seminario. Yo dirigí la oración y utilicé las oraciones de lamentación como guía, porque pensaba que los salmos de lamentación expresaban lo que vivíamos y sentíamos en ese momento. Abrimos nuestro corazón ante Dios. Al dirigir la oración, le pregunté: '¿Por qué permites que la maldad reine en nuestro país?'. Supliqué pidiendo su misericordia y su gracia, para que Dios actuara e hiciera algo en nuestro país. No terminé la oración con una nota positiva, sino con una pregunta dirigida a Dios.

Lo que ocurrió al día siguiente fue histórico en Filipinas. Todos los caminos conducían a EDSA, el lugar donde había ocurrido la Revolución del Poder Popular en 1986. La gente acudió en multitudes al santuario EDSA, en lo que sería un segundo movimiento del Poder Popular, para pedir la renuncia del presidente. En los días siguientes, el presidente fue destituido y tuvimos un nuevo gobierno. Mirando atrás, el gobierno que siguió tampoco fue lo que esperábamos. Y las cosas no están bien tampoco ahora. Pero descubrí que cuando nosotros, el pueblo de Dios, nos reunimos y expresamos a Dios nuestras preguntas, él escucha. Dios permite nuestras preguntas y nuestros lamentos honestos. Fue una experiencia verdaderamente empoderadora. Como pueblo de Dios, podemos comprometernos activamente con Dios en asuntos de justicia y rectitud en nuestro país. Como aprendimos en el capítulo anterior, podemos orar para que Dios derribe a los malvados. De manera que podemos expresar nuestros lamentos honestos a Dios, como lo hizo el profeta Habacuc.

Habacuc golpea las puertas del cielo con sus lamentos

El profeta Habacuc lanzó algunos penosos lamentos contra Dios. Ya no podía soportar la violencia y las injusticias que lo rodeaban, por eso golpeó las puertas del cielo: '¿Hasta cuándo, SEÑOR, he de pedirte ayuda sin que tú me escuches? ¿Hasta cuándo he de quejarme de la violencia sin que tú nos salves? ¿Por qué me haces presenciar calamidades? ¿Por qué debo contemplar el sufrimiento? Veo ante mis ojos destrucción y violencia; surgen riñas y abundan las contiendas' (Hab 1.2–3). Igual que con Abraham, el Señor no reprendió ni ignoró a Habacuc. En lugar de eso, el Señor respondió e inició una serie de diálogos con el profeta. Le dijo a Habacuc que estaba haciendo algo para que ocurriera el cambio que le pedía, estaba levantando a los babilonios como instrumento para implementar ese cambio. El plan del cambio fue bien recibido por Habacuc; pero tenía un gran problema con el instrumento para el cambio. ¿Cómo podía Dios usar a los babilonios, cuando eran los primeros en merecer la destrucción de Dios? Como mínimo, para Habacuc, eso no tenía sentido. Entonces, a la respuesta de Dios siguió una serie de lamentos más enérgicos que los primeros.

> Tú, Señor, los has puesto para hacer justicia…
> Son tan puros tus ojos que no puedes ver el mal;
>> no te es posible contemplar el sufrimiento.
> ¿Por qué entonces toleras a los traidores?
>> ¿Por qué guardas silencio
>> mientras los impíos se tragan a los justos?
>
> *Hab 1.12–13*

Dios responde diciéndole a Habacuc que va a llegar una salvación con toda seguridad. Pero, mientras tanto, le pide que espere el momento indicado (Hab 2.2–4). Habacuc obedece, espera y se somete a Dios. Finalmente, cuando el libro termina, vemos a Habacuc pronunciando las famosas palabras de confianza y alabanza:

> Aunque la higuera no florezca,
>> ni haya frutos en las vides;
> aunque falle la cosecha del olivo,
>> y los campos no produzcan alimentos;
> aunque en el aprisco no haya ovejas,
>> ni ganado alguno en los establos;
> aun así, yo me regocijaré en el Señor,
>> ¡me alegraré en Dios, mi libertador!
> El Señor omnipotente es mi fuerza;
>> da a mis pies la ligereza de una gacela
>> y me hace caminar por las alturas.
>
> *Hab 3.17–19*

¿Qué había sucedido? ¿Qué había causado el cambio del lamento a la alabanza? Lo que tenemos aquí es un largo proceso que implicó la lucha del profeta en su corazón y con Dios. Tuvo que confrontar su situación y el hecho de que parecía que Dios no estaba haciendo nada. Luego, tuvo que abrir su corazón a Dios y decirle lo que realmente abrigaba, tal como lo hizo Abraham. Recién entonces comenzó el cambio.

No obstante, hablar de cambio es hablar primero de cambio interior. Cuando Habacuc derramó su corazón ante el Señor, los sentimientos de enojo con Dios que se reflejaban en sus lamentos, encontraron un abrazo. Por primera vez, Habacuc sintió que no estaba solo. Comprendió que lo que le afectaba a él era de gran importancia para el Señor. Es más: cuando Habacuc fue sincero con Dios sobre lo que consideraba la inacción de Dios, experimentó una sensación más profunda de intimidad con él, algo que nunca antes había experimentado. Dios llegó a ser para él un Dios no solo cuando todo está bien, sino también cuando las cosas no andan bien en el mundo, ni entre él y su Dios.

La sinceridad genera intimidad

Es lo mismo con otras relaciones: cuanto más abiertos somos con una persona sobre lo que realmente sentimos y pensamos, más vulnerables nos volvemos. Pero también más oportunidad tenemos de acercarnos a la persona con la que nos sinceramos. Probablemente es una de las razones de que la sinceridad de los salmos de lamentación no sea algo común en las oraciones de los cristianos hoy en día. Muchos solo quieren una relación 'relajada' con Dios, una relación que termina siendo superficial y vacía. Pero para quienes desean una relación más profunda con Dios, no hay otra manera que siendo genuinos y honestos. Como decimos en uno de nuestros proverbios filipinos: '*Ang nagsasabi ng tapat, nagsasama nang maluwat*' [Aquel que es honesto acerca de lo que siente, mantendrá su relación intacta].

A menos que los cristianos de hoy aprendan a ser honestos con Dios, no profundizarán su relación con él. En definitiva, la meta de este tipo de oración es la intimidad con Dios. Quizás, algunas de nuestras preguntas nunca tengan respuestas de este lado de la eternidad. La mujer a la que mencioné al comienzo del capítulo tal vez nunca llegue, en esta vida terrenal, al punto de decir que finalmente entiende. Pero, al abrir su corazón a Dios, derramando honestamente sus preguntas y su enojo a Dios, permitió que Dios la acercara más a él.

El libro de Habacuc termina sin la liberación prometida. Cuando escribió su famoso himno de alabanza, su situación no había cambiado en nada, pero algo había ocurrido en su corazón: se había acercado a Dios. Lamentablemente, los cristianos se saltean este importante proceso que se llevó a cabo entre Dios y su profeta, sencillamente porque hemos tendido a poner el foco en la última parte del libro, ignorando los lamentos del comienzo. Creo que las palabras de alabanza del final solo se pueden entender adecuadamente en el contexto de los primeros lamentos de Habacuc. Lo que encontramos en la experiencia del profeta es que Dios no solo permite que su pueblo desahogue sus lamentos directamente con él, y que no solo les responde, sino que también los usa para fortalecer la fe de su pueblo. Sin un activo compromiso con Dios, no habrá ningún avance en nuestra relación con él. Los más cercanos a Dios son los más sinceros con él, como Jeremías, Isaías y el mismo Jesús.

El amargo lamento de Jeremías

El lamento de Jeremías ante Dios es más directo:

> Tú, esperanza y salvación de Israel
>> en momentos de angustia,
> ¿por qué actúas en el país como un peregrino,
>> como un viajero que solo pasa la noche?
> ¿Por qué te encuentras confundido,
>> como un guerrero impotente para salvar?
> Señor, tú estás en medio de nosotros,
>> y se nos llama por tu nombre;
>> ¡no nos abandones!
>
> *Jer 14.8–9*

El lamento acusador de Isaías

> ¿Por qué, Señor, nos desvías de tus caminos,
>> y endureces nuestro corazón
> para que no te temamos?
>> Vuelve por amor a tus siervos,
>> por las tribus que son tu herencia.
>
> *Is 63.17*

La lógica de esta oración es algo así: Por sus pecados, el pueblo ha experimentado el juicio de Dios y ahora está sufriendo. Pero, en realidad, como se argumenta en la oración, si Dios no hubiera permitido que su corazón se endureciera primero, no se habrían rebelado contra él y no habrían sido castigados. En realidad, es difícil entender una oración como esta. Pero también lo es el grito de abandono del mismo Jesús.

El grito de abandono de Jesús

> Dios mío, Dios mío,
> > ¿por qué me has abandonado?
> Lejos estás para salvarme,
> > lejos de mis palabras de lamento.
>
> *Sal 22.1*

La oración de Jesús aquí es importante para los cristianos porque siempre habrá quienes digan: '¡Pero ese tipo de oración aparece solo en el Antiguo Testamento!'.

Bueno, aquí tenemos una oración que no solo proviene del Nuevo Testamento. También proviene del Señor Jesús. Es más, en realidad Jesús cita los Salmos y, al hacerlo, afirma las otras oraciones de lamento en los Salmos. De hecho, algunos eruditos creen que Jesús oraba a través de los lamentos de los salmos durante su sufrimiento[6]. Esto nos habla de la importancia que tienen los salmos de lamentación cuando pasamos por momentos de extrema dificultad.

Otra lección importante que aprendemos de la oración de Jesús es que cuestionar a Dios no significa que ya no nos sometemos a él. Debemos tener en cuenta que antes que pronunciara su grito de abandono en la cruz, Jesús ya había orado 'pero no se cumpla mi voluntad, sino la tuya'. Su actitud era de total sumisión al Padre. Incluso en la cruz afirmó su sumisión y su confianza en el Padre cuando oró: 'En tus manos encomiendo mi espíritu'. Por otro lado, al orar el Salmo 22.1, al clamar 'Dios mío, Dios mío, ¿por qué me has abandonado?',

---

[6] William L. Holladay, *The Psalms through Three Thousand Years* (Mineápolis, MN: Fortress Press, 1993), 347.

Jesús muestra que lo inverso también es verdad: la total sumisión a Dios no significa que ya no hagamos preguntas, que ya no podamos cuestionarlo. Podemos. Podemos someternos a su voluntad y cuestionarlo al mismo tiempo. Entonces, a la pregunta '¿Está bien cuestionar a Dios?, la respuesta es sí.

No todas las preguntas son aceptables para Dios

Habiendo dicho todo esto, ahora es importante destacar que no todos los lamentos y las preguntas dirigidas a Dios son aceptables para él. Por ejemplo, Dios condenó las quejas de los israelitas en el desierto. En realidad, muchas de esas personas murieron como resultado de hacerlo (ver Nm 11.1–4, 33). Dios encuentra ofensivas algunas quejas contra él, como la que se registra en el libro de Malaquías:

> Otra cosa que ustedes hacen es inundar de lágrimas el altar del Señor; lloran y se lamentan porque él ya no presta atención a sus ofrendas ni las acepta de sus manos con agrado.
>
> Y todavía preguntan por qué.
>
> Pues porque el Señor actúa como testigo entre tú y la esposa de tu juventud, a la que traicionaste aunque es tu compañera, la esposa de tu pacto… Ustedes han cansado al Señor con sus palabras. Y encima preguntan: «¿En qué lo hemos cansado?» En que dicen: «Todo el que hace lo malo agrada al Señor, y él se complace con ellos»; y murmuran: «¿Dónde está el Dios de justicia?».
>
> *Mal 2.13–17*

¿Cómo sabemos si nuestras preguntas o la manera de cuestionar son aceptables o no? En realidad, no hay respuestas precisas y rápidas, porque la línea que separa el más alto nivel de espiritualidad y la blasfemia es un hilo delgado[7].

---

7 Belden C. Lane, "Hutzpa K'Lapei Shamaya: A Christian Response to the Jewish Tradition of Arguing with God", *Journal of Ecumenical Studies* 23, n.° 4 (Otoño de 1986): 567.

Antes que nada, creo que necesitamos recordar que ese tipo de oración no es común en los cristianos o, por lo menos, espero que no tengamos que orar así todo el tiempo. El tipo de oraciones que hemos visto surgen de experiencias de exposición constante al dolor y al sufrimiento. O, como lo explica el autor Belden Lane, 'solo pueden resultar de una mirada prolongada y dolorosa sobre el sufrimiento ininterrumpido'[8]. Segundo, esas oraciones se dan en el contexto del desarrollo de una relación entre Dios y los creyentes. Quienes oran están simplemente siendo honestos acerca de lo que sienten sobre Dios. Entienden que, para preservar su relación y profundizarla, tienen que ser sinceros con el Señor. La honestidad y la autenticidad delante de Dios son la clave[9].

Cuando sentimos que lo que está ocurriendo es injusto e imparcial, podemos expresarlo al Señor. Como líder cristiano y erudito en Antiguo Testamento, Chris Wright dice:

> Ante algo como el maremoto, entonces, no me avergüenza sentir y expresar mi cólera y lamento. No estoy avergonzado de derramar lágrimas al mirar las noticias o adorar en la iglesia después que esas terribles tragedias han golpeado otra vez. Le digo a Dios que conozco y amo y confío, pero que no siempre comprendo, que no puedo arrancarme de la cabeza el dolor de ver tal destrucción y muerte. Lloraré por los maltrechos de la tierra. '¿Por qué esa pobre gente, Señor, una vez más? ¿No han sufrido ya lo suficiente de las groseras injusticia del mundo?[10]

Pero ¿qué ocurre si después de todo lo que hemos hecho, lamentarnos ante Dios y todo lo demás, todavía no pasa nada? ¿Qué hacemos cuando todo fracasa? ¿Hay lugar para el fracaso en la presencia de Dios?

---

8 *Ibidem*, 584.
9 Citado en: Abraham Joshua Heschel, *A Passion for Truth* (Nueva York: Farrar, Straus & Giroux, 1973), 251.
10 Wright, *The God I Don't Understand*, 54.

Encuentro con un salmo

Lee el Salmo 22.

- Jesús repitió el Salmo 22. ¿Alguna vez te sentiste abandonado por Dios? ¿Está bien enojarse con Dios?
- ¿Cómo oras cuando te enteras de la gente que muere en una guerra, de los niños que mueren de hambre, o de la destrucción por el paso de un tsunami?
- El camino a la intimidad con Dios es la honestidad. ¿Tienes preguntas para Dios que no te has atrevido a hacerle por temor a que te rechace? Si es así, ponlas por escrito. Ahora ve a Dios en oración y sé honesto con él sobre sus preguntas y sobre cómo te sientes.
- En una cultura que tiene en tan alta estima el respeto y el papel de los mayores, ¿cómo puedes predicar sobre los salmos que expresan cuestionamientos a Dios? ¿Está bien cuestionar a Dios?
- ¿Cómo explicarías el lamento del Salmo 22.1 y el hecho de que Jesús mismo citó ese salmo?
- ¿Qué mensaje o mensajes podemos sacar de los salmos que expresan lamentos contra Dios?

Capítulo 9

Está bien fracasar

—Pastor, por favor, ore por mí. Esta tarde tengo un examen de enfermería —me dijo Zeny al final del culto en la iglesia.

Zeny (no es su nombre verdadero) era miembro de mi iglesia. Lo dijo en tono bajo, asegurándose de que nadie la oyera. Al final de la breve reunión me dijo:

—Pastor, por favor no le diga a nadie que tengo ese examen, y que le pedí que orara por mí.

Luego, se fue. Yo me pregunté: ¿por qué no quiere que nadie sepa que va a tener ese examen? Generalmente les contamos a otros nuestros pedidos de oración.

Semanas después, supe que Zeny había desaprobado su examen. Pero jamás me lo dijo. A lo mejor, tenía vergüenza de acercarse a mí o de hablar del tema. No lo sé. Pero cuando alguien la confrontaba y le preguntaba sobre el examen, Zeny negaba haberlo rendido. Quizás, esa era la razón por la que no quería que otros se enteraran: No quería que supieran que iba a rendir porque si fallaba y sabían que había pedido oraciones, estaría en un brete. Los demás pensarían que tenía poca fe. Entonces, sencillamente, ocultó todo. Por otro lado, estoy seguro de que si hubiera aprobado el examen se habría parado frente a la iglesia y habría dado testimonio de eso, y toda la congregación se hubiera alegrado con ella. No obstante, como desaprobó, pasó sola por toda la experiencia. No había nada para celebrar. Nada de qué hablar.

Un profesor del seminario compartió conmigo una situación similar. Dos miembros de su iglesia también habían tenido un examen de enfermería. El domingo antes del examen, toda la iglesia había orado por ellos. Lamentablemente, solo uno aprobó. Al siguiente domingo, el pastor anunció las buenas noticias: ¡Uno de sus miembros había pasado el examen! Todos alabaron al Señor por la oración respondida, pero nadie dijo nada sobre el que había desaprobado. Hubo un completo silencio sobre él durante todo el servicio. Nadie habló con el estudiante de enfermería que había desaprobado. Después de todo, ¿qué podían decirle?

Es difícil ¿no es así? Si fueras uno de los miembros de esa iglesia, ¿cómo hubieras reaccionado? Si fueras el pastor, ¿cómo habrías manejado la situación? ¿Qué hubieras dicho? ¿Te hubieras animado a decir algo?

No sabemos cómo responder al fracaso

El problema es que en muchas de nuestras iglesias hoy no sabemos cómo manejar situaciones así. De manera similar a cuando los cristianos experimentan una tragedia o una calamidad, no sabemos cómo responder cuando un hermano creyente experimenta un fracaso. Muchas veces, somos rápidos en racionalizar. Razonamos que Dios tiene un propósito. O que, tal vez, algo anda mal con nuestra hermana o hermano y por eso fracasó; que necesita arrepentirse de algún pecado. Pero creo que otra causa es que no estamos realmente abiertos a aceptar el fracaso o la derrota. Hacemos tanto énfasis en la victoria y el éxito que no queremos hablar sobre las derrotas y los fracasos. Por lo tanto, los ocultamos. O peor, como Zeny, aun mentimos al respecto. En la iglesia *no* está bien fracasar.

Alguien en una oportunidad intentó publicar 'el testimonio de una mujer que no recibió la sanidad que se le había profetizado'. La persona pensó que era justo publicar un caso así, al menos por una vez, para mostrar que no todo el mundo recibe la sanidad. Pero su solicitud fue denegada[1].

Algunas iglesias destacan tanto lo positivo, que no están dispuestas a ver la realidad. Hay una fuerte presión por terminar siempre de manera victoriosa y positiva. Es triste. Debido a que en la iglesia no hay lugar para las oraciones sin respuesta ni para las experiencias de derrota, los cristianos a veces se ven forzados a ocultarlas o a mentir. Nos resulta fácil celebrar; sabemos muy bien cómo hacerlo. Pero no

---

[1] Ellington, "The Costly Loss of Testimony", 53.

sabemos cómo llorar con los que han sido derrotados. Para colmo, quienes fracasan pueden ellos mismos ser rápidos en racionalizar su experiencia y decir: 'Dios tiene sus propósitos'. Pero eso no borra la pena que uno siente como resultado de un fracaso. Zeny había hecho todo lo posible por prepararse para el examen. También estoy seguro de que oró mucho. *¿Por qué fallé?*, se habrá preguntado. Pero sufrió el dolor de su fracaso en soledad.

Lugar para el fracaso

Como hemos aprendido del capítulo anterior, podemos ir a Dios y derramar ante él nuestro corazón. Incluso preguntarle, en el caso de Zeny, por qué no le permitió aprobar el examen. Nos invita a acercarnos a él y compartir abiertamente nuestro dolor con él, no a ocultarlo. Los muchos salmos de lamentación testifican que Dios, efectivamente, recibe bien la expresión sincera de cualquier cosa que sentimos. Hay lugar en la presencia de Dios para nuestras preguntas. Hay lugar para nuestros fracasos en su presencia.

Me gustaría que esto fuera cierto en nuestras iglesias. Me gustaría que hubiera espacio en nuestras iglesias para nuestros fracasos. Me gustaría que hubiera un lugar donde se me permitiera estar quebrado, donde no necesitara ocultar mis fracasos. Sé que nunca encontraré una iglesia o una comunidad perfecta en este mundo, y que tal lugar existe solo en el cielo. Pero también creo que la iglesia, porque es el Cuerpo de Cristo está llamada a ser un lugar así o, por lo menos, un reflejo de ese lugar, donde podemos llorar, donde no necesitamos ocultarnos porque hemos fracasado, un lugar donde somos aceptados incluso cuando nuestras oraciones siguen sin respuesta. Un lugar donde sabemos que las personas están con nosotros no solo cuando somos victoriosos, sino cuando no tenemos éxito, para escucharnos, llorar con nosotros o, simplemente, acompañarnos en los momentos de tristeza. Entonces, no habrá necesidad de guardarnos nuestros pedidos de oración o de sentirnos avergonzados cuando las oraciones no reciben respuesta. No habrá necesidad de limitar nuestros testimonios a los de victoria o de éxito. Tampoco nuestras oraciones quedarán limitadas a la alabanza y la acción de gracias; también habrá lugar para nuestras preguntas, silencios e incertidumbres.

Este es mi anhelo, mi sueño. Sé que también es el sueño de muchos cristianos que sufren con la derrota o el fracaso. A lo mejor, tú mismo has anhelado por mucho tiempo crear un espacio en la iglesia para las experiencias negativas. Comparto este sueño y oro para que un día el Señor permita que su iglesia experimente (o alcance a entrever) qué significa ser una verdadera comunidad.

Salmos de oscuridad

El Salmo 88 es uno de los salmos más oscuros. Tan oscuro es que, efectivamente, termina con la palabra 'oscuridad' en el hebreo original. No hay ninguna señal de alabanza en el Salmo 88. Algunos cristianos no se sienten cómodos con ese salmo. Quieren pasar inmediatamente a la alabanza. Pero la vida no es así.

Hoy en día, algunas personas de la iglesia no hallan un fin para sus sufrimientos. Prueban y lo intentan, pero no pueden levantarse. No ven ninguna luz al final del túnel. Como el autor del Salmo 88, se lamentan y nunca llegan al momento de la alabanza, no tienen siquiera un respiro. Se sienten en la oscuridad, hagan lo que hagan. Lloran, pero nadie parece escucharlos. La iglesia, lamentablemente, a veces no es un buen lugar para estar cuando se experimenta el Salmo 88. Las personas dirán que no puedes estar tanto tiempo en la oscuridad si eres un verdadero creyente. Que, a lo mejor, hay pecado en tu vida o que no estás enfocado en la voluntad de Dios.

Bueno, quizás están en lo cierto: Algunas personas que pasan por un tiempo de oscuridad tienen pecados o asuntos que deben arreglar con Dios y con los demás. Ese puede ser el motivo por el que atraviesan esa oscuridad. Pero esto no aplica para todo el mundo. Por lo menos, no fue válido para el autor del Salmo 88. No hay nada en el texto que sugiera que el salmista estaba siendo castigado por su pecado. Tampoco lo fue para San Juan de la Cruz, el autor del conocido libro *La noche oscura del alma*. El hecho es que algunos creyentes pasarán tiempos de oscuridad en su vida, épocas en las que se sentirán solos, abandonados por sus amigos y, aun, rechazados por Dios mismo.

Yo he experimentado esa oscuridad muchas veces. En una de las anotaciones de mi diario escribí:

> Esta mañana, al despertarme, me agobia un peso tan grande que no se puede describir con palabras. Me siento vacío, sin esperanzas. Incluso tuve una pesadilla anoche y, cuando desperté, todavía sentía su efecto. No sé qué hacer. En verdad, no hay nada en este día (o, para el caso, de cualquier día) que me entusiasme. Todo es triste y totalmente oscuro. No puedo respirar.

¿Sabes qué me ayudó en esos tiempos de oscuridad? El Salmo 88. En este salmo, sentí por primera vez que no estaba solo. Antes que yo, hubo personas (inclusive personas preciosas para Dios) que habían pasado por momentos realmente oscuros. Es más, encontré que precisamente las palabras escritas en el Salmo 88 eran un eco de mi propia experiencia. En uno de mis momentos más bajos (cuando hasta mi amigo de Estados Unidos de América, con quien hablaba por teléfono, podía sentir la pesadez en mi corazón), encontré las palabras del Salmo 88 especialmente alentadoras: 'Soy como un hombre sin fuerzas' (RVR1960). La palabra 'hombre' en hebreo también se puede traducir como 'hombre fuerte'. Se supone que esta persona debía ser un hombre fuerte y, sin embargo, reconoce que se siente muy débil. Se supone que debía ser victorioso y fuerte y, sin embargo, admite que está 'sin fuerzas'. Bueno, yo ya tenía mi título de doctorado. Mi tesis final había sido publicada por una editorial prestigiosa poco después que recibí el título. Sin embargo y a pesar de eso, me sentía muy débil. 'Débil' en realidad es una palabra muy débil para describir mi estado. Lo que yo sentía era más bien desesperanza. Sentía que ni siquiera podía levantar la cabeza para ver si había alguien que pudiera ayudarme, o abrir los ojos para ver si quedaba alguna luz. Sin embargo, en el Salmo 88 encontré la fuerza necesaria para abrir mi corazón a Dios y apenas susurrar: 'Soy como un hombre sin fuerzas, Señor. Ya no puedo más. Por favor ayúdame'.

A lo mejor, tú te sientes así en este momento. Tal vez, acabas de sufrir un terrible fracaso y sientes que toda tu vida es un desastre. Te sientes como una taza descartable, que se usa y se tira. Lo que consuela de este salmo oscuro es que, por lo menos, el salmista puede llorar. El simple hecho de que clama a Dios significa que todavía cree que alguien lo está escuchando, a pesar de que también siente que lo ha abandonado. Aquí, la esperanza no está en la respuesta sino en la pregunta. En medio de todo su dolor y su sufrimiento, el salmista dice: 'Mas yo a ti he clamado'.

En otros salmos, la palabra 'pero' al comienzo de afirmaciones, con frecuencia señala un cambio hacia algún tipo de resolución o gratitud, o hacia una declaración de confianza (Salmos 55.23; 13.5, RVR1960: 'Mas yo en tu misericordia he confiado'). Aquí, en el Salmo 88, no hay tal cambio hacia la alabanza o la resolución. Pero creo que este salmo es en realidad una afirmación de fe. En tiempos de oscuridad, el equivalente a 'Mas en ti he confiado' es 'Mas yo a ti he clamado'. Incluso cuando ya no tenemos la fuerza para seguir adelante, al menos podemos clamar a alguien. Tú también puedes llorar. Aunque es cierto que la fuerza para nuestro viaje la sacamos de las respuestas y el aliento de Dios, también hay momentos en que sacamos fuerza de nuestra propia debilidad.

Lo que necesitamos en nuestra debilidad

Muchos nos sentimos débiles. Cuando miramos a las personas de la iglesia, parecen estar bien. Pero, en lo profundo de su ser, muchos luchan con vidas rotas. La persona que se ve exitosa en la iglesia puede aparentar tenerlo todo bajo control a los ojos de los demás. Sin embargo, otros ni siquiera se dan cuenta de cuánto lucha esa persona, aun con el hecho de cómo vivir un solo día más, al cual ve como un día más de dolor, de fracaso; un día más que le parece una mentira.

Uno mira a ciertas personas y parecen estar bien. Pero veamos su matrimonio, todo deteriorado, con el compromiso de seguir juntos porque no queda otra cosa. Uno mira con envidia a la gente que tiene ciertos empleos, deseando ser como ellos: inteligentes, despiertos, sociables, talentosos. Pero uno no sabe lo inseguros que son en su interior, una inseguridad que puede ser la causa de que sigan intentando estar por encima de otros, porque a lo mejor es lo único que los motiva a seguir viviendo. Si se les quita esa posición, solo les queda un vacío como el de un profundo pozo sin agua.

Lo que menos necesitamos en ese momento es un sermón diciéndonos que todo va a estar bien si tan solo creemos, si tenemos una fe firme. Lo que menos necesitamos es que alguien nos diga que todo estará bien. Lo que necesitamos es la seguridad de que lo que estamos sufriendo no es anormal, que no hemos sobrepasado los límites del amoroso cuidado de Dios. Que aun nuestras derrotas tienen un lugar en el cuidado soberano y amoroso de Dios. Esta seguridad es importante, especialmente cuando nuestras iglesias se manejan de manera triunfalista. Eso se ve en nuestros sermones: Rara vez, si no jamás, escuchamos sermones sobre el lamento. Es una pena que muchos de los que sí enseñan sobre el lamento terminan destacando uno solo de los lados, el factor alabanza, porque siempre reafirman la necesidad de terminar de manera positiva. Una vez oí a un pastor predicar en un pódcast: 'El lamento *tiene* que convertirse en alabanza'. Esta visión de los salmos de lamentación surge de una perspectiva particular: la comprensión unilateral de que toda expresión de lamento *debe* destacar el aspecto de la alabanza.

¿Lamentación solo para alabar?

Cuando estaba investigando los salmos de lamentación para mi tesis, me sorprendió la forma en que muchos eruditos tendían a leer los salmos de lamentación desde la óptica del 'movimiento-del-lamento-a-la-alabanza'. Esta visión es tan fuerte que algunos estudiosos llegan al extremo de cambiar el texto para que se lea de manera más positiva.

Por ejemplo, el Salmo 9–10, en realidad, pasa del agradecimiento al lamento. En hebreo, el Salmo 9–10 es un solo salmo, que se compuso siguiendo el acróstico hebreo. Los versículos 1 y 2 del Salmo 9 comienzan con la primera letra del alfabeto hebreo, el versículo 3 con la siguiente letra del alfabeto hebreo, y así hasta llegar al final del salmo 10, que comienza con la última letra del alfabeto hebreo (Salmo 10.17)[2].

Ahora bien, la primera mitad del salmo (Salmo 9) es en gran parte de acción de gracias. En realidad, sería un ejemplo perfecto de salmo de acción de gracias. El problema es que, a mitad del salmo, el tono cambia repentinamente al de lamento. ¿Cómo puede la gratitud convertirse en lamento? Esto había desconcertado a muchos eruditos. De manera que uno de ellos sugirió que era el uso del alfabeto hebreo

---

2 He analizado los siguientes salmos en mi artículo 'Preaching Lament', en *Reclaiming the Old Testament for Christian Preaching*, eds. Grenville J. R. Kent, Paul J. Kissling y Laurence A. Turner (Downers Grove, IL: IVP Academic, 2010), 64–84.

el responsable del movimiento hacia el lamento[3]. Sostenía que para cuando llegaba al comienzo del Salmo 10, el compositor ya estaba en la letra 'l' del alfabeto hebreo. Esto lo forzó a comenzar el verso con la palabra *lamah* que traducido significa '¿Por qué?'. Entonces, el verso dice '¿Por qué, Señor, te mantienes distante? ¿Por qué te escondes en momentos de angustia?' (Sal 10.1).

Pero, por supuesto, si la intención del autor del Salmo 9–10 hubiera sido seguir con acción de gracias, tranquilamente podría haberlo hecho. Podría haber usado otras palabras hebreas que comenzaran con la letra 'l'. Lamentablemente, algunos académicos han destacado unilateralmente el movimiento del lamento a la acción de gracias en los salmos de lamentación y, en consecuencia, no ven lo que realmente hay allí.

Felizmente, quienes compusieron los salmos eran más realistas que muchos estudiosos y pastores de hoy en día. Los creyentes de antes sabían que la vida no es monolítica, no se presenta en una única forma. Como sabían por experiencia, la vida de fe puede pasar de la alabanza al lamento. Lo asombroso es que, como hemos aprendido en el capítulo anterior, los autores ansiaban luchar con Dios a través de sus preguntas, derramar su corazón ante él y aun hacer temblar el cielo con sus '¿Por qué?'. Pero yo creo que es igualmente útil su visión particular de la vida: Es una visión que admite las experiencias de derrota. A pesar de que los autores preguntaban continuamente a Dios por qué enfrentaban la derrota y demás, al menos identificaban sus experiencias por lo que eran. En su lenguaje de fe, los autores tenían una categoría llamada derrota o fracaso, y era eso lo que les permitía reconocer lo que estaban atravesando cuando acudían a Dios.

Además, los creyentes de la antigüedad estaban más abiertos a experiencias de ambigüedad e incertidumbre, como se refleja en otro salmo de lamentación, el Salmo 12. Este comienza con lamentos, con el autor clamando ayuda a Dios porque 'ya no hay gente fiel' (versículo 1). En medio de este grito de auxilio, Dios responde de la manera más directa posible. Dios dice: 'Voy ahora a levantarme' (versículo 5). El salmista no necesitaba pedir más: Dios ya había hablado.

---

[3] El gran erudito alemán Hermann Gunkel hizo esta sugerencia en su comentario sobre los Salmos.

Cómo quisiéramos que en nuestras oraciones también pudiéramos oír al Señor hablándonos directamente. Observemos cómo en los versículos siguientes el ánimo cambia hacia un tono de seguridad: 'Las palabras del Señor son puras, son como la plata refinada, siete veces purificada en el crisol. Tú, Señor, nos protegerás; tú siempre nos defenderás de esta gente' (versículos 6–7). El Salmo 12 podría haber terminado con una nota positiva en el versículo 7: 'Tú, Señor, nos protegerás; tú siempre nos defenderás de esta gente'. Pero no, el salmo termina con las siguientes palabras: 'Los malvados rondan por todos lados y todo el mundo alaba la maldad' (versículo 8, DHH) Una vez más, los eruditos encuentran esto un poco decepcionante, de manera que intentan manipular el texto, sugiriendo algunos cambios en el mismo. Pero el texto como está dice claramente que los malvados siguen bien activos. Realmente, están más activos que nunca[4]. Aunque a algunos eruditos no les gusta el final, creo que este salmo es atractivo (aunque sea decepcionante) porque podemos ver reflejadas allí las realidades que vivimos.

Recuerdo a Marvin, un estudiante norteamericano del doctorado, cuya historia refleja el recorrido del Salmo 12. Marvin y su esposa tenían dificultades económicas, mudándose a menudo en un período de seis meses por el alquiler que debían pagar. Un día, la esposa de Marvin vino a casa con una buena noticia. Había encontrado un empleo en un lugar cercano a su casa y podía comenzar inmediatamente. La pareja estaba muy contenta. Como en el Salmo 12, su lamento se había convertido en agradecimiento. La esposa de Marvin fue a trabajar al día siguiente mientras él seguía con sus estudios. No obstante, más tarde ese día, su esposa volvió a casa y dijo que el salario del nuevo trabajo no era el que habían esperado: era mucho más bajo. La pareja volvió al lamento.

Podemos encontrar historias similares en cualquier campo de la vida. Un estudiante inicia sus estudios universitarios y los años siguientes son un tiempo de estrés y lamento, tanto para él como para sus padres. Su madre y su padre han sacrificado mucho para pagar su matrícula, y él trabaja duramente para cumplir con todas las exigencias. Después de cuatro o cinco años, el estudiante se gradúa. ¡Es un motivo

---

4   He analizado el Salmo 12 con más detalle en mi libro *The 'Uncertainty of a Hearing': A Study of the Sudden Change of Mood in the Psalms of Lament* (Leiden: Brill, 2008).

de celebración! Él y su familia sienten el deseo de alabar. Pero, después de la graduación, el estudiante tiene dificultades para encontrar un buen trabajo. Los empleos disponibles no tienen que ver con lo que se ha capacitado para hacer. Finalmente, se ve obligado a aceptar lo que hay: lo disponible siempre es mejor que nada. Esta historia es común en Filipinas, y mucho más entre los que siguen sin encontrar trabajo años después de graduarse.

La realidad es que las cosas no siempre salen como esperamos. Incluso cuando ya hemos recibido la promesa de que nuestras oraciones serán respondidas, la incertidumbre continúa. Creemos que tenemos todo cubierto. Hemos orado fervientemente. Hemos sentido la presencia del Señor. Sabemos que estamos precisamente en el lugar que Dios quiere que estemos. Aun así, como el autor del Salmo 12, seguimos afrontando los mismos problemas, o situaciones todavía más desafiantes. Nuestras circunstancias no son diferentes a las de los creyentes de la antigüedad.

La pregunta es: ¿Estamos dispuestos a aceptar eso? Una vez más, algunos dirán 'Bueno, eso es en el Antiguo Testamento. Con la llegada de Jesús, ya no hay derrotas. Cristo sufrió para que tengamos una vida victoriosa'. Pero, en realidad, si vemos el Nuevo Testamento, especialmente Romanos 7, encontramos la misma perspectiva sobre la vida de fe: una que incluye experiencias de lucha y derrota incluso en la vida cristiana, esta vez en el terreno de la moral.

Las luchas en el Nuevo Testamento

En Romanos 7, Pablo confiesa: 'Así que descubro esta ley: que, cuando quiero hacer el bien, me acompaña el mal. Porque en lo íntimo de mi ser me deleito en la ley de Dios; pero me doy cuenta de que en los miembros de mi cuerpo hay otra ley, que es la ley del pecado. Esta ley lucha contra la ley de mi mente, y me tiene cautivo' (Ro 7.21–23).

Algunos eruditos sostienen que aquí Pablo habla de su experiencia antes de hacerse creyente, o de la experiencia de algún otro[5]. Pero como

---

[5] Las razones que muestran que aquí Pablo habla como creyente están claramente explicadas en Anders Nygren, *Commentary on Romans* (Filadelfia, PA: Fortress Press, 1949); C. E. B. Cranfield, *Romans: A Shorter Commentary* (Edinburgo: T & T Clark,

podemos ver en estos versículos, las afirmaciones se construyeron utilizando la primera persona singular, 'yo', indicando que es Pablo mismo que habla. Los verbos están en tiempo presente, lo que indica que Pablo está hablando de su experiencia presente, no de cosas del pasado. La voz del 'yo' también está presente en los versículos 14-15. Más adelante, la descripción de Pablo 'En lo íntimo de mi ser me deleito en la ley de Dios' (versículo 21) no pudo haber estado en boca de alguien que no conoce al Señor. Además, en Romanos capítulos 5 al 8, Pablo trata el tema de la vida cristiana. Todo esto lleva a la conclusión de que el apóstol está hablando de su propia experiencia, la cual es continua, o que al menos se incluye en la experiencia a la que se refiere. Por supuesto, Pablo sigue adelante y habla de la vida cristiana como una donde 'ya no hay ninguna condenación' (Ro 8.1). Pero esto último no altera la realidad presentada en Romanos 7.

La figura de un 'cautivo' en el versículo 23 habla poderosamente de una derrota: '...la ley del pecado... me tiene cautivo'. Esta situación lleva a Pablo a expresar un clamor de lamento similar al del Salmo 12: '¡Soy un pobre miserable! ¿Quién me librará de este cuerpo mortal?' (Ro 7.24). Como en el Salmo 12, también encontramos un movimiento hacia la alabanza en el siguiente versículo: '¡Gracias a Dios por medio de Jesucristo nuestro Señor!' (Ro 7.25a). Pero luego, también como en el Salmo 12, Romanos 7 termina con una cruda realidad de la presencia permanente de lucha y derrota en la vida de los cristianos: 'En conclusión, con la mente yo mismo me someto a la ley de Dios, pero mi naturaleza pecaminosa está sujeta a la ley del pecado'. Aunque Pablo admite que es esclavo de la ley de Dios, también reconoce que es esclavo de la ley del pecado.

Así, está claro que los cristianos siguen experimentando la derrota. Hacerse cristiano no significa la completa liberación de toda lucha y derrota. Como lo explica el erudito en el Nuevo Testamento, James Dunn: 'Pablo entiende que los cristianos puedan verse frecuentemente derrotados (versículo 23) en la secuencia continua de elecciones morales que los confrontan (6.12-23)'[6]. Al decir esto, no estamos poniendo excusas para las faltas morales, solo estamos reconociendo

---

1985); James D. G. Dunn, *Romans 1-8* vol. 38A, WBC (Dallas, TX: Word Books, 1988).

6   Dunn, *Romans 1-8*, 412.

que la derrota sigue siendo parte de la vida de fe. Lo alentador es que. si aceptamos nuestras realidades de derrota a la luz de la misericordia y la gracia de Dios, somos transformados. Para citar las palabras de Buckley:

> Cruzamos el puente de regreso a un mundo lleno de pérdida y fracaso, una tierra marcada por las cicatrices del pecado y las heridas. Dejamos atrás las fantasías del perfeccionismo y de las amistades que nunca cambian. Si el mundo al que volvemos a entrar es transitorio, también está habitado por el perdón. Este no es un lugar de odio ni de resentimiento, de amargura ni de venganza. De este lado del puente, nuestras emociones negativas se vuelven nuestros aliados y nos ayudan a enfrentar los peligros y las reconciliaciones que marcan nuestro camino[7].

En este mundo jamás podremos cruzar el puente y pasar a un lado donde todo está bien, donde no habrá derrotas. Pero, por lo menos, podemos cruzar el puente como personas diferentes, más abiertas al cambio, más abiertas al dolor, porque hemos aprendido a compartir nuestro dolor y nuestras derrotas con Dios y con los demás.

---

7 Citado en Whitehead y Whitehead, *Shadows of the Heart*, 28.

Encuentro con un salmo

Lee el Salmo 88.

- En este capítulo relaté la experiencia de dos creyentes que dieron el mismo examen. La iglesia oró por ellos, pero solo uno aprobó. ¿Cómo manejarías situaciones como esa, especialmente si eres pastor?

- Hemos visto que incluso las personas cercanas a Dios experimentan 'la oscura noche del alma'. Al repasar tu propio camino con Dios, ¿hubo momentos en los que también sufriste esa experiencia? ¿Cómo lidias con el fracaso o la derrota?

- ¿Qué imágenes, palabras o frases del Salmo 88 concuerdan con tu experiencia durante esos momentos de oscuridad? Utilizando esas imágenes/palabras/frases, acércate a Dios en silenciosa oración.

- ¿Sabes de alguien que esté pasando por un momento de oscuridad? Presenta esa persona al Señor mientras oras las palabras del Salmo 88. También puedes ofrecerte a orar el Salmo 88 con él o ella.

- ¿De qué manera das lugar a las experiencias de fracaso o de derrota en sus predicaciones?

- ¿Qué tiene para decirnos sobre la vida de fe un salmo como el Salmo 88, que no contiene ninguna transición hacia la alabanza?

- ¿Te parece que está bien terminar un servicio de adoración con una pregunta o sin un cierre, en lugar de hacerlo con un toque optimista?

Conclusión

Cuando presenté por primera vez los borradores de este libro a mi editor, él me preguntó cómo pensaba terminarlo. Los temas de este libro pueden ser pesados y oscuros. No estar bien. La tristeza. El llanto. El miedo. Las luchas. El enojo. El cuestionamiento a Dios. Los fracasos. Sería bueno terminar con un poco de esperanza y de certezas.

Mirando hacia atrás, me doy cuenta de que la esperanza es el lamento mismo. Durante siglos, grandes pensadores, teólogos y filósofos han intentado resolver el problema del sufrimiento. Creo que una respuesta al sufrimiento es el lamento. La lamentación es en sí misma una señal de esperanza. Quizás, nunca encontremos la solución para nuestro sufrimiento individual o para los dolores de este mundo. Pero Dios nos ha provisto, por medio del lamento, una manera de enfrentar nuestro dolor. En una oportunidad, alguien me envió este mensaje de texto: 'Un paraguas no puede parar la lluvia, pero nos permite estar de pie bajo la lluvia'. El lamento no puede resolver nuestros problemas. Pero puede generar el espacio necesario para manejar nuestro sufrimiento.

Sin embargo, el lamento no es solo un instrumento que nos ayuda a salir adelante. También puede convertirse en un medio para crecer en nuestra intimidad con Dios. Al abrirnos a Dios sobre nuestro quebranto y la verdadera condición de nuestro corazón, nos cobijamos en su amoroso abrazo. Ya no necesitamos esconder nuestro dolor; en realidad, podemos presentarlo ante el Señor. No hay porqué temer que nos rechacen por nuestros fracasos: somos aceptados, amados y valorados como somos. Allí hay lugar para nuestras preguntas, nuestras luchas, nuestro dolor y nuestros fracasos.

Algunos pueden considerar el lamento como una señal de poca fe. Pero, en realidad, es un acto de fe. Lamentamos porque creemos que hay alguien que nos escucha. En el lamento encontramos un Dios que no se deja influir por nuestras palabras piadosas y por suposiciones irreales. Es un Dios que puede conmoverse por un corazón roto, un corazón real, no enmascarado, un corazón que dice sencillamente: 'Oh, Dios, la oscuridad es mi única compañía'.

Yo mismo pasé por muchos momentos de oscuridad cuando escribía este libro. Muchas veces le pregunté al Señor: '¿Cómo puedo escribir este libro si estoy así, deprimido, solo, luchando?'. Hubo momentos en que pensé cambiar el título del libro, porque no se siente bien NO estar bien. Es doloroso, difícil, atormentador y angustiante. Pero el Señor nos permite pasar por la oscuridad para que podamos acercarnos a aquellos que también están a oscuras. La buena noticia es que no necesitamos estar completamente bien para poder ministrar a otros. Para el consejero espiritual Henri Nouwen, "la pregunta crítica no es '¿Cómo podemos ocultar nuestras heridas?' para no sentirnos incómodos, sino '¿Cómo podemos poner nuestras heridas *al servicio de otros?*'"[1]. Porque sabemos que 'solo un ministro lastimado y herido puede conectarse poderosamente con quienes están gravemente heridos'[2].

¿Estás herido? ¿Te sientes cansado? ¿Te sientes vacío? ¿Te sientes excluido porque estás sufriendo? ¿Te sientes como si fueras la única persona del mundo que está sola y triste? ¿Sientes deseos de llorar en este preciso momento?

Alguien está escuchando. Alguien puede sentir lo que estás sintiendo. Alguien entiende. No necesitas expresar tu alabanza ni palabras de confianza cuando sientes deseos de gritar o de culpar a alguien. No necesitas esforzarte por estar bien si no lo estás. Está bien no estar bien.

---

[1] Citado en Wil Hernandez, *Henri Nouwen*, 116.
[2] *Ibidem.*

Ejemplos de sermones sobre los Salmos de lamentación[1]

En los primeros capítulos de este libro, manifesté que debemos tener en cuenta ciertas cosas cuando nos preparamos para predicar sobre los salmos de lamentación:

1. Prestar atención a la transición entre el lamento y la alabanza en estos salmos.
2. Identificar el tipo de sufrimiento descripto en cada salmo.
3. Discernir qué mensaje sobre Dios, la vida de fe y la realidad en general podemos obtener de esas descripciones de sufrimiento.
4. Participar de cada salmo de lamentación repitiendo en oración las palabras del salmo, experimentado uno mismo el movimiento entre la lamentación y la alabanza, y trayendo la experiencia propia y las ajenas ante Dios, a medida que nos identificamos con el sufrimiento descripto en el salmo.

Ahora que has terminado este libro, tendrás una idea mucho mejor de lo que significan esas instrucciones. Intentaré ahora aplicarlas a determinados salmos y darte ciertos ejemplos de cómo desarrollar un sermón sobre un salmo de lamentación.

Salmo 12

El Salmo 12 es un buen lugar para comenzar porque contiene pasajes que explican qué es la lamentación. El salmo de lamentación es un

---

[1] Salvo indicación expresa, los pasajes de las Escrituras citados en el Apéndice han sido tomados de la Nueva Versión Internacional de la Biblia.

'clamor desde la profundidad' del sufrimiento, expresado o dirigido a Dios.

1. *¿Cuál es el movimiento en el Salmo 12?*
    En el Salmo 12 podemos identificar el movimiento desde el lamento (versículos 1–4) a la certidumbre (la alabanza; versículos 6–7). A mitad del salmo, encontramos una respuesta explícita de Jehová, lo que explica el paso a la situación de seguridad en los versículos 6–7. Pero, a pesar de esa respuesta divina, el salmo vuelve a la lamentación al final. Las palabras de certeza y seguridad van seguidas por una afirmación que básicamente expresa la misma preocupación que tenía el salmista al comienzo: 'Los malvados rondan por todos lados' (DHH).

2. *¿Qué experiencias de sufrimiento se describen en el movimiento?*
    El salmista puede estar sufriendo como resultado de los actos opresivos de gente malvada (versículos 1–4). Pero al leer el movimiento general del salmo, aparece otra dimensión de su dolor: está sufriendo pese a que aparentemente Dios ya le ha respondido. Eso plantea el problema de la presencia de la maldad en un mundo supuestamente controlado por Dios. Y esto nos lleva a la siguiente pregunta.

3. *¿Qué mensaje o mensajes sobre Dios, la vida de fe y la realidad en general podemos obtener de estas experiencias?*
    La experiencia del sufrimiento que se refleja en el Salmo 12 nos enseña que hay momentos en que persiste el componente de la tensión incluso cuando hay una respuesta divina.

4. *Experimentar el Salmo 12*
    Repite en oración las palabras del salmo. Podemos preguntarnos específicamente: '¿Qué experiencias particulares de sufrimiento en la vida de otros o en la propia vida son similares a las expresadas en este salmo?'. Un ejemplo podría ser la experiencia de procurar obtener un título. Lamentamos nuestro paso por los estudios y pasamos a la alabanza cuando completamos exitosamente los estudios. Pero luego, la incertidumbre de conseguir empleo puede ser tan desalentadora que nos encontramos nuevamente en la situación de lamento.

Bosquejo de sermón sobre el Salmo 12: 'Vuelta al lamento'

A. El movimiento del salmo: del lamento a la alabanza; luego, vuelta al lamento
1. Desde el lamento (vv. 1–4)
a. Clamor por ayuda (v. 1)
- '¡Sálvanos!'
b. Lo que resulta del sufrimiento (vv. 1–4)
La vida cuando no hay personas fieles alrededor:
- Mentiras (v. 2)
- Orgullo (v. 3)
- Opresión (v. 4; comparar v. 5)
c. Dirigido a Dios
- '¡Sálvanos, Señor!' (v. 1)
- 'El Señor cortará todo labio lisonjero' (v. 3)
2. A la alabanza (vv. 5–7)
a. La respuesta divina (v. 5)
b. La seguridad que resulta de la respuesta divina (vv. 6–7)
3. Vuelta al lamento (v. 8)
a. El lamento del comienzo: 'Ya no hay gente fiel' (v. 1)
b. La situación al final: 'Los malvados rondan por todos lados' (v. 8, DHH)
B. La experiencia de sufrimiento del salmista
1. La vida cuando ya no hay personas fieles alrededor (vv. 1–4)
2. Incertidumbre a pesar de la respuesta divina (v. 8)
C. El mensaje del salmo
1. La vida de fe: la tensión y la ambigüedad continúan
2. Dios: lo inescrutable

Conclusión: Hay momentos cuando la incertidumbre permanece, aun en medio de certezas. Pero, a pesar de todo, lo alentador es que tenemos un Dios a quien podemos clamar, incluso cuando hay tensiones de la vida de fe.

El contexto importa

Como puedes ver en el ejemplo anterior, lo más importante al preparar un sermón sobre los salmos de lamentación es la interacción entre el lamento y la alabanza en el salmo. Esos movimientos reflejan las experiencias de las personas y contienen mensajes acerca de la vida de fe. Pero, además de eso, necesitamos considerar el contexto que rodea al salmo que estamos estudiando. Estudios recientes muestran que hay intencionalidad en la organización de ciertos salmos. Los salmos no fueron reunidos arbitrariamente. Esto no se aplica a todos los salmos. Pero es una buena práctica tener en cuenta el contexto de los salmos que lo preceden y lo siguen. Además, necesitamos reflexionar qué dice el Nuevo Testamento acerca de nuestro texto, especialmente si el salmo está citado o se hace alusión al mismo en el Nuevo Testamento. En nuestro siguiente ejemplo de sermón sobre el Salmo 22, demostraremos cómo la reflexión sobre el contexto, tanto el inmediato como el del Nuevo Testamento, contribuye a la preparación del sermón.

Salmo 22

Para preparar el sermón, intentamos responder las siguientes preguntas:

1. *¿Cuál es el movimiento general del Salmo 22 en términos de lamento y alabanza?*

   Lee todo el salmo. Como se puede observar, el salmo se distribuye casi por igual entre el lamento y la oración. La primera mitad es lamento (vv. 1–21); la segunda mitad es alabanza (vv. 22–31). Pero, a diferencia de los otros salmos que contienen un movimiento del lamento a la alabanza (por ej., el Salmo 13), las dos secciones del Salmo 22 están yuxtapuestas, preservando el elemento de la tensión entre el lamento y la alabanza en toda la composición.

   La yuxtaposición de lamento y alabanza en el Salmo 22 destaca el sentido de contradicción que siente el salmista. Esto se refleja más adelante en la oración. El salmista se queja de que, a diferencia de sus antepasados que fueron liberados y escuchados cuando clamaron al Señor (vv. 4–5), él no ha recibido respuesta (v. 2). El contexto de los salmos que lo rodean enfatiza más el elemento de tensión en el Salmo 22. El Salmo 22 está precedido por dos salmos que hacen énfasis en la verdad de que Dios responde la oración. En el Salmo 20, el pueblo ora por el rey: 'Que el Señor te responda…'. En el siguiente salmo, el Salmo 21, el rey se alegra por la respuesta a la oración. En contraste con esto, en el Salmo 22 el salmista clama: 'Dios mío, clamo de día y no me respondes' (22.2). El siguiente, el Salmo 23, que es un salmo de confianza, enfatiza más el contraste entre el Salmo 22 y el contexto que lo rodea.

2. *¿Qué experiencias de sufrimiento se describen en el movimiento?*
   La yuxtaposición entre lamento y alabanza observados arriba refleja el sufrimiento experimentado por el salmista. El salmista se sentía realmente deprimido, se veía a sí mismo como 'gusano, y no hombre' (v. 6, RVR1960). Se sentía abandonado por Dios mismo (v. 1). Era muy cercano a Dios, ya que lo llamaba 'mi Dios'. Incluso afirma: 'Desde el vientre de mi madre, mi Dios eres tú' (v. 10). Por lo tanto, que Dios lo dejara sin respuesta le generó sentimientos muy dolorosos. En términos filipinos, llamaríamos a eso '*pagtatampo*', un sentimiento de dolor como resultado de que alguien muy cercano a uno nos ha fallado en algo que se esperaba de él o ella. En el caso del salmista, esperaba que Dios lo liberara por su relación de pacto con él. Pero eso no se revela. Como consecuencia, el salmista se siente herido. Lo bueno es que no contuvo lo que sentía, sino que lo expresó ante Dios.

3. *¿Qué mensaje o mensajes sobre Dios, la vida de fe y la realidad en general podemos obtener de esas experiencias?*
   El salmo nos recuerda la realidad de la tensión en la vida de fe. Podemos comparar las dos mitades del salmo (el lamento y la alabanza) con la cruz y la resurrección, respectivamente. Aunque Jesús ya ha resucitado, todos nosotros todavía tenemos que experimentar la realidad de esa verdad. En el presente, estamos en el medio. Somos el pueblo de la cruz al mismo tiempo. Esta es la forma general de nuestra vida con Dios. Habrá momentos en que la respuesta que esperamos recibir no vendrá; cuando en lugar de respuesta, habrá frustraciones y hasta persecución. ¿Cómo vivimos entonces frente a esta realidad? El Salmo 22 nos provee una guía para vivir en medio de las tensiones de la vida.

Título: 'Dios mío, Dios mío, ¿por qué me has abandonado?'. Vivir en medio de las tensiones de la vida de fe

Texto: Salmo 22
Bosquejo:
Introducción

A. Tensión en la vida de fe
1. Hay momentos cuando somos fuertes y momentos cuando nos sentimos como un gusano.
    a) El mismo David que declaró: 'Con tu apoyo me lanzaré contra un ejército; contigo, Dios mío, podré asaltar murallas' (Salmo 18.29) también dijo: 'Gusano soy y no hombre' (22.6).
2. Aunque algunos recibieron la respuesta a sus oraciones, otros no.
    a) El contexto del Salmo 20–21 destaca el hecho de que Dios responde la oración.
        i) El Salmo 20 representa la oración del pueblo por su rey: 'Que el Señor te responda cuando estés angustiado' (v. 1).
        ii) El Salmo 21 expresa la alegría del rey al recibir respuesta a sus oraciones (v. 1).
    b) En contraste con lo anterior, David se queja: 'Dios mío, clamo de día y no me respondes' (22.2).
    c) Mientras que sus antepasados eran librados cuando clamaban por ayuda (22.3–5), David no recibe respuesta (22.2; comparar con 22.6–8).
3. Nuestra vida está marcada tanto por el lamento como por la alabanza (esto se refleja en toda la estructura del Salmo 22):
    a) Lamento (vv. 1–21)
    b) Alabanza (vv. 22–31)
4. Incluso Jesús oró con el Salmo 22
    a) Mateo 27.46
5. Aplicación: ¿qué experiencias de tensión estás atravesando en este momento?

B. Vivir en medio de las tensiones
    1. Aceptar el hecho de que nuestra vida consiste tanto en el lamento como en la alabanza.
    2. Hacer que el lamento sea parte de nuestra oración,
        a) siendo más sinceros con Dios sobre:
            i)   lo que sentimos hacia él (vv. 1–2)
            ii) lo que estamos pasando y lo que sentimos sobre eso (vv. 3–8)
        b) suplicando la liberación de Dios:
            i)   descripción de la situación (vv. 6–8, 8–12)
            ii) petición (vv. 11, 19–21)
    3. Hacer que la alabanza sea parte de nuestra oración,
        a) testificando a otros lo que Dios ha hecho (v. 22)
        b) exhortando a otros a alabar al Señor (vv. 23–26)
        c) extendiendo la alabanza a Dios a los confines de la tierra y a las futuras generaciones (vv. 27–21).

Conclusión: Aquí el predicador puede pedir a toda la congregación que lea el salmo entero. La lectura se puede dividir en dos partes: el lamento y la alabanza, versículos 1–21 y versículos 22–31, respectivamente. Al final de la primera parte, puede pedir a la congregación que presenten sus lamentos al Señor, si los hubiera. Al final de la segunda mitad, que la congregación ofrezca sus alabanzas al Señor.

Los sobrescritos importan

Otra cosa a tener en cuenta son los sobrescritos de cada salmo, es decir, las notas breves antes del primer versículo de cada salmo. Quienes reunieron los salmos agregaron sobrescritos algún tiempo después de que fueran escritos. Por lo tanto, representan una manera particular de ver los salmos. Los sobrescritos, por decirlo de alguna manera, nos permiten vislumbrar cómo interpretaban los antiguos los salmos. Una mirada cuidadosa a esos sobrescritos, espécialmente los que tienen un breve trasfondo histórico, pueden ser un buen recurso para el desarrollo de los sermones sobre los Salmos (ver Salmo 57 en la página siguiente).

Salmo 57

1. *¿Cuál es el movimiento general en el Salmo 57 en términos de lamento y alabanza?*

    El Salmo 57 contiene un movimiento general del lamento (vv. 1–6) a la alabanza (vv. 7–11). Comienza con una súplica de misericordia (vv. 1–2), seguida de una expresión de confianza en que Dios contestará sus oraciones (v. 3). El salmo continúa el lamento describiendo la situación (vv. 4, 6). Entre los versículos 4 y 6 hay un estribillo que se repite más adelante (v. 5; comparar con v. 11). El salmo, en realidad, es como una canción moderna con dos estrofas (vv. 1–4 y vs. 6–10), con el estribillo después de cada estrofa (v. 5 y v. 11). Pero a pesar de que el estribillo aparece dos veces, su significado difiere. El primero es más bien una afirmación de confianza en medio del lamento, mientras que el segundo es propiamente una alabanza.

2. *¿Qué experiencias de sufrimiento se describen en el movimiento?*

    El contraste entre las secciones que contienen lamento y alabanza revela una situación muy difícil para David. El lenguaje que usa cuando dice 'Firme está mi corazón' (v. 7) suscita el componente de incertidumbre que caracteriza la experiencia de David en la primera parte. El versículo 1 habla de 'tormenta' (NBV; nota: este pasaje no está hablando de un simple problema en la vida, sino de tormentas graves). Veamos también la descripción en el versículo 4: '¡me encuentro en medio de leones!'. Como en el caso de la 'tormenta', está claro que esto no debe tomarse literalmente. Pero podemos percibir el sentido de peligro en este lenguaje poético. Por lo tanto, aunque hay canto en la segunda parte del salmo (v. 7b), en la primera parte hay llanto y súplica pidiendo misericordia (v. 1). Todo esto hace del Salmo 57 un buen salmo para las personas que están pasando situaciones peligrosas y para otras ocasiones en las que uno se siente impotente.

    Por otra parte, el sobrescrito nos provee un cuadro de la situación en la que se encuentra David. Dice: "Al director musical. Sígase la tonada de 'No destruyas'. *Mictam* **de David, cuando David había huido de Saúl y estaba en una cueva**". Esto indica que este salmo se usaba para cantar. La referencia a "la tonada de 'No destruyas'" podría indicar la melodía del salmo. Aunque esto es incierto, una canción llamada 'no destruyas' alude a algo bastante peligroso. Luego tenemos una muy breve nota histórica sobre la situación de David: estaba huyendo de Saúl.

Como observamos más arriba, el sobrescrito puede ser valioso a la hora de preparar un sermón de lamentación, especialmente los que tienen un trasfondo como el del Salmo 57. En los Salmos hay alrededor de trece de esa índole. Un análisis más detallado de esos salmos muestra que la mayoría hablan sobre un período difícil en la vida de David, como cuando huía de su hijo Absalón (Salmo 3), cuando fingió estar demente para salvar su vida (Salmo 34), y en uno de los puntos más bajos de su vida espiritual, cuando cometió adulterio con Betsabé (Salmo 51):

> Salmo 3.1: 'Salmo de David, cuando huía de su hijo Absalón'.

> Salmo 34.1: 'Salmo de David, cuando fingió estar demente ante Abimélec, por lo cual este lo arrojó de su presencia'.

> Salmo 51.1: 'Al director musical. Salmo de David, cuando el profeta Natán fue a verlo por haber cometido David adulterio con Betsabé'.

Estos sobrescritos no destacan al David exitoso y victorioso, sino al David que lucha, que huye por su vida, que está en peligro. ¿A qué se debe? Una posible explicación es que son estos momentos los que hacían eco en las experiencias de los creyentes de la antigüedad.

3. *¿Qué mensaje o mensajes* sobre Dios, la vida de fe y la realidad, en general, podemos obtener de esas experiencias?
El Salmo 57 nos recuerda las dificultades que marcan la vida del pueblo de Dios. Con frecuencia nos encontramos en situaciones que están muy lejos de lo que podríamos sobrellevar por nuestra propia fuerza. Al mismo tiempo, las experiencias de David y cómo las manejó, según se refleja en sus oraciones, nos da una guía sobre cómo podemos nosotros también abrirnos camino hacia la restauración.

Título: '¡Seas exaltado sobre los cielos, oh Dios!' (RVA-2015). Experimentar a Dios a través de las tormentas de la vida

Texto: Salmo 57

Bosquejo

Introducción

A. Las 'tormentas' en la vida de David
1. La situación como se describe en los sobrescritos del Salmo 57 y otros salmos con breve trasfondo histórico (por ej.: Salmos 3 y 51; ver página anterior).
2. La oración repetida dos veces 'ten compasión de mí' (v. 1) indica que la situación que enfrenta David es verdaderamente grave.
3. La palabra 'tormenta'[2], habla de una situación peligrosa.
4. La descripción de sus enemigos como 'leones', o 'gente rapaz' (v. 4; comparar con v. 6).

B. Las 'tormentas' de nuestra vida actual
1. 'Tormentas' en nuestro país, en sentido literal y figurativo
2. 'Tormentas' en nuestras iglesias
3. 'Tormentas' en nuestra familia y en la vida personal

C. Cómo enfrentó David sus 'tormentas' y qué podemos aprender de eso
1. David se humilló ante Dios
   a) Suplicó compasión (v. 1a).
2. David confió en Dios
   a) Se refugió en Dios (v. 1b).
   b) Uno de los nombres más comunes atribuidos a Dios en los salmos es 'refugio' o roca.
   c) El motivo: porque la gente se encuentra muchas veces en dificultades.
3. David clamó a Dios
   a) Sí, aun un hombre rudo como David también llora.
   b) Y llora mucho:

---

[2] Esto es comparable a lo que se refiere Pablo cuando menciona 'el día malo' en Efesios 6.13. Efectivamente, enfrentamos situaciones difíciles. Pero hay días en que el ataque es realmente feroz.

      i) Salmo 3.4: Clamo al Señor a voz en cuello, y desde su monte santo él me responde.

      ii) Salmo 5.2: Escucha mis súplicas, rey mío y Dios mío, porque a ti elevo mi plegaria.

      iii) Salmo 6.9: El Señor ha escuchado mis ruegos; el Señor ha tomado en cuenta mi oración.

      iv) Salmo 22.2: Dios mío, clamo de día y no me respondes; clamo de noche y no hallo reposo.

4. David enfrentó sus temores

    a) Tomó valor y 'nombró' sus temores.

    b) El uso de imágenes en los versículos 4 y 6 es una manera de ponerle nombre a sus temores y sus luchas.

(Algunas personas piensan que admitir nuestros temores es una señal de debilidad. Pero, en realidad, es una señal de fe porque podemos encarar nuestros problemas y confrontarlos. Efectivamente, se requiere mucha fe para hacer eso. Los psicólogos afirman lo importante que es nombrar a nuestros miedos y sufrimientos. Al hacerlo, podemos debilitar el dominio que tienen nuestros miedos sobre nosotros).

5. Después que David hizo lo que explicamos anteriormente:

    a) pudo cantar, '¡tu gloria cubre toda la tierra!' (v. 5)

    b) recibió seguridad (v. 7)

    c) alabó al Señor (vv. 8–10)

Si antes se lamentaba, ahora alaba. Ha pasado del lamento a la alabanza.

6. David experimentó eso porque:

    a) Primero clamó a Dios

    b) Se refugió en Dios

(Pudo decir: 'firme está mi corazón' dos veces (v. 7), porque también clamó dos veces 'Ten compasión de mí, oh Dios, ten compasión de mí', (v. 1).

    c) Enfrentó sus temores.

Conclusión: El camino que conduce a la restauración pasa por el lamento. Sin el lamento nuestra alabanza será vacía. Como lo expresa Mays:

Si la alabanza no contiene el recuerdo de las necesidades que han sido satisfechas, las heridas sanadas, la pena consolada, la soledad acompañada o la vida en lugar de la muerte, la alabanza pierde su motivo y su realidad… Necesitamos ver a través de sus oraciones [de los salmos] el camino hacia sus himnos. En la iglesia, ha habido una tendencia en el uso de los Salmos de emplear solo o principalmente los himnos, pero si solo recurrimos a los himnos gozosos y los salmos de confianza, nunca sabremos el verdadero poder y el propósito de los himnos[3].

---

3   Mays, *Preaching and Teaching the Psalms*, 26.

Lecturas recomendadas

Billman, Kathleen D. y Daniel L. Migliore

    1999   *Rachel's Cry: Prayer of Lament and Rebirth of Hope.* Eugene, OR: Wipf & Stock.

Bradbury, Paul

    2007   *Sowing in Tears: How to Lament in a Church of Praise.* Cambridge: Grove.

Brueggemann, Walter

    1984   *The Message of the Psalms: A Theological Commentary.* Mineápolis, MN: Augsburg.

Mays, James L.

    2006   *Preaching and Teaching the Psalms.* Louisville, KY: Westminster John Knox.

McCann, J. Clinton y James C. Howell

    2001   *Preaching the Psalms.* Nashville, TN: Abingdon.

Villanueva, Federico

    2016   *Lamentations: A Pastoral and Contextual Commentary.* Carlisle, UK: Langham Global Library.

Sociedad Langham

La Sociedad Langham es una comunidad mundial que trabaja con el ánimo de cumplir la visión que Dios encomendó a su fundador, John Stott, consistente en:

facilitar el crecimiento de la iglesia en madurez y en semejanza a Cristo, elevando los niveles de predicación y enseñanza bíblica.

Nuestra visión es ver que las iglesias del mundo mayoritario estén equipadas para la misión y creciendo hacia la madurez en Cristo a través del ministerio de sus pastores y líderes, quienes creen, enseñan y viven por la Palabra de Dios.

Nuestra misión es fortalecer el ministerio de la Palabra de Dios:
- fortaleciendo movimientos nacionales de predicación bíblica;
- favoreciendo la creación y distribución de literatura evangélica; y
- elevando el nivel de la educación teológica evangélica, especialmente en países donde las iglesias carecen de recursos.

Nuestro ministerio

Langham Predicación se asocia con líderes nacionales que estimulan movimientos locales de predicación bíblica para pastores y predicadores laicos en el mundo entero. Con el apoyo de un equipo de capacitadores provenientes de diversos países, se desarrolla un programa de seminarios a diversos niveles que proveen capacitación práctica, al cual le sigue un programa que busca formar facilitadores locales. Los grupos locales de predicación (escuelas de expositores) y las redes nacionales y regionales se encargan de dar continuidad a los programas e impulsar su desarrollo ulterior con el fin de construir un movimiento vigoroso comprometido con la exposición bíblica.

Literatura Langham provee a los pastores, seminarios y académicos del mundo mayoritario libros evangélicos y recursos electrónicos mediante becas, descuentos y mecanismos de distribución. El programa también auspicia la producción de literatura evangélica para pastores en diversos idiomas a través de talleres para escritores y editores, respaldo a la tarea literaria, traducciones, fortalecimiento de las casas editoriales evangélicas e inversiones en proyectos regionales de literatura, tales como el *Comentario Bíblico Contemporáneo*.

Langham Becas provee apoyo financiero para estudiantes evangélicos a nivel doctoral provenientes del mundo mayoritario, de tal manera que, una vez que regresen a sus países, puedan capacitar pastores y a otros líderes cristianos brindándoles una sólida formación bíblica y teológica. Éste es un programa que equipa a quienes van a equipar a otros. *Langham Becas* trabaja igualmente con seminarios del mundo mayoritario fortaleciendo su educación teológica. Un número creciente de académicos de *Langham Becas* estudia en programas doctorales de alta calidad en reconocidos centros del mundo mayoritario. Además de formar a la siguiente generación de pastores, los graduados de *Langham Becas* ejercen una influencia significativa a través de sus escritos y su liderazgo.

Para obtener más información sobre la *Sociedad Langham* y el trabajo que desarrollamos visítenos en www.langham.org.